Stefan Zweig
Das Haus am Meer

SEVERUS Verlag

Stefan Zweig: Das Haus am Meer. Ein Schauspiel in zwei Teilen. 2014

Nachdruck der Ausgabe von 1912
ISBN: 978-3-86347-807-0

Umschlaggestaltung: SEVERUS Verlag

Bibliografische Information der Deutschen Nationalbibliothek: Die Deutsche Nationalbibliothek verzeichnet diese Publikation in der Deutschen Nationalbibliografie; detaillierte bibliografische Daten sind im Internet über https://dnb.de abrufbar.

Der SEVERUS Verlag ist ein Imprint der Bedey & Thoms Media GmbH,
Hermannstal 119k, 22119 Hamburg

SEVERUS Verlag, 2014
http://www.severus-verlag.de
Gedruckt in Deutschland
Der SEVERUS Verlag übernimmt keine juristische Verantwortung oder irgendeine Haftung für evtl. fehlerhafte Angaben und deren Folgen.

Stefan Zweig

Das Haus am Meer
Ein Schauspiel in zwei Teilen

DAS HAUS AM MEER

EIN SCHAUSPIEL IN ZWEI TEILEN (DREI AUFZÜGEN)

VON

STEFAN ZWEIG

ERSTER TEIL: DER TAUSCH

PERSONEN DES ERSTEN TEILES

GOTTHOLD KRÜGER, der Lotse
THOMAS, sein Neffe
KATHARINA, dessen Frau
EIN JUNGER SEEMANN
EIN OFFIZIER im Dienst eines deutschen Fürsten
EIN WERBER
EIN SERGEANT
SOLDATEN
REKRUTEN
EIN SCHILDERMALER

Die Geschehnisse des ersten Teiles spielen im achtzehnten Jahrhundert zu Beginn des amerikanischen Freiheitskrieges in nächster Nähe einer deutschen Hafenstadt. Gleicher Dekor in beiden Teilen.

ERSTER AUFZUG

Das Haus des Lotsen Krüger in der Nähe eines deutschen Hafens, am Wege zur Stadt, das gleichzeitig als Wirtsstube dient. Ein großer behaglicher Raum, der mit seinem reinlichen Gefüge an die Interieurs der Holländer erinnert. Von den Fenstern geht der Blick den Hügel hinab zum nahen Meer und geradeaus auf die vorbeiziehende Straße. Rechts eine getäfelte wuchtige Eingangstür, zu der ein paar Stufen emporführen, so daß man die Schritte der Eintretenden immer vorausjhört, rückwärts eine kleine Tür zu den Kellerräumen und Wendeltreppe zu den oberen Wohnräumen. Vorne und in der Ecke rückwärts, halbgedeckt vom breiten Kachelofen, Bänke für die Gäste und schwere plumpe Tische, in der anderen Ecke, etwas erhöht, der Platz der Wirtin hinter dem Schank, mit vielen Zinnkrügen und bäuchigen Flaschen. Gegenüber dem Eingang ein breiter, fast klotziger Schrank, sonst überall kleine Zierstücke, Bilder, kleine Segelschiffe, Kompasse, ein gerahmter Myrtenkranz, ein Kruzifix. Das Ganze wirkt durch Alter nd Festigkeit sehr deutsch, die Diele und die Gläser blinken reingescheuert in der Sonne. Es ist später Nachmittag.

ERSTE SZENE

DER SCHILDERMALER

(ein älterer Mann mit langem, noch dunklem Haar, ein wenig phantastisch gekleidet. Er hält eine große, runde Blechscheibe in der Hand und einen starken schmiedeeisernen Ring)

Hier an den Ring da kettet Ihr das Schild,
Damit es wie ein ausgereckter Arm
Die Wanderer herein zur Türe winkt.

KATHARINA

(sie ist ungefähr zwanzig Jahr alt, von einer herausfordernden Schönheit, hat rotes, volles Haar. Ihre Bewegungen sind rasch und geschmeidig, sie spricht auch schnell, meist mit einer einschmeichelnden weichen Stimme. Ihre Kleidung ist ziemlich schlicht, aber sorgfältig; sie trägt eine weiße Schürze. Mit ihrer Beweglichkeit scheint sie irgendwie fremd in dem dunkelruhigen, fast feierlich alten Zimmer)

Nein, nein! Hier geht ein scharfer Wind. Der reißt
Mirs los und schwenkts ins Meer. Nein, hakt es lieber
Ganz fest in einem eisernen Geflecht,
Doch so, daß mans auch sieht! Macht es recht bunt,
Viel Bäume will ich, groß und grün, dazwischen
Die gelben Tiere, Tiger oder Löwen,
Und braune Menschen, nackt, mit grellen Federn,
Wie mans in Büchern sieht.

DER SCHILDERMALER
                        Glaubt mir, das treff
Ich besser als nur irgendeiner. Zwar
War ich noch selbst nicht drüben, aber oft
Hab ichs gesehen, wenn ein Schiff die Fracht
Von solch Getier und Menschen herspedierte.

KATHARINA
Und drüber schreibt: »Die Neue Welt«. Recht groß
Mit goldnen Lettern, daß es fernhin funkelt.
Hört Ihr, ich will das beste Schild im Hafen.
Keiner darf dran vorüber, alle Burschen
Vom Weg müssen herein.

DER SCHILDERMALER
                    Ei freilich! Mal
Ich doch die zwanzig Jahre nichts als Schilder,
Und alle fandens recht. Warum nicht Ihr?

KATHARINA
Und sputet Euch!

DER SCHILDERMALER
                 Heut reib ich noch die Farbe.

Doch gebt ein Gläschen auf den Weg. Das wärmt
Das Herz und stählt die Hand.

KATHARINA (lachend ihm ein Glas einschenkend)
Da, nehmt.

DER SCHILDERMALER (es rasch niedertrinkend, aufatmend)
Das schmeckt!

ZWEITE SZENE

Gotthold Krüger, der alte Lotse, tritt ein. Er ist ungefähr sechzig
Jahre, sieht aber noch fest und männlich aus. Er trägt das angegraute
Haar kurz geschnitten, den Bart nach Seemannsart rund um das ge-
bräunte Gesicht, der Schnurrbart ist ausrasiert. Er geht aufrecht, sein
ganzes Wesen ist stählern, die Augen grau wie Metall, die Stimme
volltönig klingend, seine Glieder in den Bewegungen sehnig und voll
gebändigter Kraft. Er spricht hart und geschlossen, ist beharrlich im
Schweigen und hält fast immer die kurze Tonpfeife zwischen den
Zähnen.

GOTTHOLD KRÜGER
(sieht befremdet einen Augenblick auf den Maler. Dann greift er
nach dem Schild)
Was soll das hier?

DER SCHILDERMALER
Es wird Euch schon behagen,
Seht Ihrs mit Farben ausstaffiert. Bis jetzt
Ists bloß ein Blech, doch alles andre steckt
Schon hier und hier.
(Er weist auf Kopf und Hand. Stolz:)
Paßt auf, das wird ein Schild!

GOTTHOLD (mißtrauisch, barsch)
Ein Schild? Wofür?

DER SCHILDERMALER
                    Ei, doch für Euer Haus!
Seht her: hier kommt der große fremde Wald,
Draus brechen Tiger mit gebleckten Zähnen
Und hinter ihnen wild die Indianer,
Und oben drauf, als Aufschrift, grell und groß
In blankem Gold ›Wirtschaft zur Neuen Welt‹.

GOTTHOLD (im Zorn)
Ein Schild hier auf mein Haus? Gibts einen denn
Im Sprengel, dem man es erst weisen müßte?
Geht hin zum Hafen, fragt die Leute ab
Nach Lotsen Krügers Haus, und Kinder zeigens
Euch mit dem Finger, eh sie reden können.
Seit hundert Jahren steht es ohne Schild
Rechtlich und aufrecht zwischen Meer und Wind.
Und jetzt? Fort! Weg mit diesem Krempel!
(Er wirft so zornig das Blech vom Tisch, daß es klirrend wegrollt.)

KATHARINA (demütig)
Was tut Ihr, Ohm? Laßt mir doch diese Freude!
Es schmückt das Haus.

GOTTHOLD
                  Dies Haus braucht keinen Schmuck.
Mein Vater nahm es so und ich von ihm,
Und unverändert sollens Kind und Enkel
In Ehrfurcht erben. Weg damit!

KATHARINA
                  Allein
Die Schenke braucht es. Wie sollen die Leute
Denn merken, daß man allzeit Bier und Wein
Hier hat und Unterkunft?

GOTTHOLD
                    Wer es nicht weiß,
Daß hier im Krügerhaus seit vielen Jahren
Tisch ist und Bett für jeden, den der Sturm
Oder der Hunger an die Türe wies,
Der möge bleiben. An die hundert Jahre
Fanden sie her und werdens weiter finden.

KATHARINA
Doch kämen mehr.

GOTTHOLD
               Ich mag nicht mehr. Das Haus
Wär dann nicht unser, sondern eines jeden,
Der Laune bringt und Lärm. Ging es nach mir,
Der Schank käm weg, und wer um Obdach riefe,
Hätt es um Gottes Lohn und nicht für Geld.
Ein Haus will Stille, soll es Frieden geben.

KATHARINA
Ihr habt gut reden! Ihr geht morgens fort,
Treibt Euer Boot, seht viele Menschen, nehmt
Von ihnen Rede mit und seid so satt
Davon, daß Ihr des Abends ohne Wort
Am Ofen sitzt und an der Pfeife saugt.
Ich aber hab zu bleiben. Stund um Stunde
Tropft wie der Regen rastlos von den Wänden.
Ein Schweigen hockt herum, daß ich mir selbst
Fremd werde, furchtbar fast, ja kaum mehr wag
Zu singen, weil die Wände mir so streng
Die Worte wiederholen. Ich will Menschen
Im Haus hier haben, Stimmen hören; hören,
Was jede neue Welle strandwärts wirft. —

Ein jeder bringt ein Stück vom Leben mit,
Der einen Scherz, ein Lied, ein Abenteuer,
Seltsam Begebnis; jeder streift mit seinem
Gesicht ein Teil von diesem Dunkel fort.
Und Leben lacht dann plötzlich zwischen diesem
Alten Gestühl, ich fühl mich selber jung
Und lache mit. Ich kann nicht so wie Ihr
Schweigen und schweigen und mit unablässig
Geradem Blick auf Meer und Wolken sehn.

GOTTHOLD
Was Fremde bringen, ist nie gut. Ich mag
Kein ander Lachen hier als das der Kinder,
Die kommen sollen, dieses Haus zu erben.

KATHARINA (schweigt)

GOTTHOLD
(zum Schildermaler, der die Tafel aufgehoben hat)
Nehmt Euer Schild. Und für den Weg her habt
Viel Dank und diesen Taler ...

KATHARINA
Ohm, so laßt ...

GOTTHOLD
Solang ich lebe, soll dies Haus niemals
Anders benannt sein, wie zu meines Vaters
Und Urgroßvaters Zeit. — Gehabt Euch wohl!

DER SCHILDERMALER
sieht fragend auf die Wirtin. Sie winkt ihm ab. Er nimmt die Mütze
und geht mit ärgerlicher Geste.

KATHARINA
zum Schrank hin und nimmt eine Frauenarbeit auf. Ein Schweigen.
Dann geht

GOTTHOLD zu ihr hin
Versteht mich recht. Ich mag nicht Zank vor Leuten
Und schweige gern, wo ich nicht reden will,
Allein das tat mir weh. Vielleicht bin ich
Zu alt, um manches zu verstehn. So schont
Die kurze Spanne noch, rührt nicht an das,
Was mir als heilig gilt. Dies bitt ich Euch,
Nur dies!

KATHARINA
      Ich weiß, Ihr mögt mich nicht,
Vom ersten Tag.

GOTTHOLD
      Das hab ich nie gesagt.

KATHARINA
Allein ich fühls.

GOTTHOLD (sehr weich)
      Mein Bruderskind und Erbe
Hat Euch gewählt. Da gab ich ohne Wort
Dies Haus an euch, das Liebste, das ich habe,
Und sagte nur, aus meiner tiefsten Seele:
Gott schenk euch Glück! Ich habe nie gefragt,
Woher Ihr kamt, was Ihr als Brautschatz brachtet.
Die Kinderlosen sind nur Hüter. Was
Sie haben, ist nur Pfand aus Gottes Händen.
Sie haltens nur und müssens rückerstatten
An die, aus deren Blut ein Leben quillt.

Gott geb Euch Kinder, und ich will sie lieben,
Die meinen Namen tragen, wie die eignen.

KATHARINA
enkt den Kopf über die Arbeit und schweigt. Schritte von außen.

DRITTE SZENE
THOMAS
(tritt rasch ein. Er trägt die hohen polternden Seemannsstiefeln, ist aufrecht und stark. Die Ähnlichkeit mit Gotthold ist unverkennbar, auch die Barttracht die gleiche, nur daß er jung und frisch wirkt; auch seine Art zu reden ist männlich und sicher, meist klingend und fröhlich)
Grüß Gott!
(Er küßt Katharina und streift ihr übers Haar.)

GOTTHOLD
Gott grüß dich, Thomas!

THOMAS (lachend)
Eben traf
Ich da den Schildermaler vor der Türe.
Der trank wohl hier ein Gläschen übern Durst.
Er schwatzte mir was vor von neuer Welt
Und einem Schild und alten dummen Leuten
Die ihre Grütze längst verlöffelt haben.

GOTTHOLD (beleidigt)
Da meint er mich damit.

THOMAS (erschreckt)
Ach Ohm, wie sollte
Er solches wagen?

GOTTHOLD
   Weil ich ihm verbot,
Die Kleckserei vor unser Haus zu hängen.

KATHARINA (erklärend)
Ein Schild fürs Haus.

GOTTHOLD
          Das ich nicht dulden werde,
Solang mein Name noch so viel als Schild
Und Aufschrift gilt. Was dann nach mir geschieht,
Ist einerlei. So lange muß sie warten.

THOMAS
Ohm, sei nicht streng. Du weißt, es sind erst Wochen,
Ein halbes Jahr, daß sie im Hause ist,
Da wurzelt sichs noch nicht mit eines Lebens
Gesamter Kraft. Die Bilder an den Wänden
Sehn noch mit fremdem Blick auf sie. Was uns
Vertraut ist wie wir selbst, das fühlt sie fremd.
Allein sie wird ihm immer trauter werden.
        (Zu Katharina:)
Nicht wahr, du liebst es schon mit seinem Dunkel
Und da dem Blick auf das verstürmte Meer?

GOTTHOLD (weicher)
Mag sein!
    (Auf Katharina zu, faßt sie bei der Hand.)
          Vielleicht bin ich auch erst im Anfang,
Um Euch zu lieben. Ihr habt da gesagt,
Ich liebt Euch nicht. Ihr müßt mich recht verstehn:
Wer so an alten Dingen hängt, dem wird
Es schwer, an Neues noch sein Herz zu wenden.

Doch bin ich schon am Weg. Und was ich halte,
Das halt ich treu. So seis mit Euch.
(Er wendet sich ab.)
Lebt wohl.
(Gotthold geht die Stiege zu den oberen Gemächern hinauf.)

VIERTE SZENE

THOMAS
Ihr hattet Streit?

KATHARINA (ärgerlich)
Ein Starrkopf ist er! Nichts
Will er hier dulden als den eignen Willen.
Wärs denn was Arges, hinge man ein Schild
Vors Haus? Mehr Leute würden kommen,
Mehr Geld mit ihnen, und wir könnten bald
Ein neues bauen, größer, heller, besser,
Am End eins in der Stadt. Er aber trotzt
Auf sein verjährtes Recht und drängt mich weg.

THOMAS
Kind, schmäh ihn nicht. Du bist hier wie ein Gast
Kaum eingewohnt und hast zuvor, ich glaube,
Nur fremdes Dach gekannt und nie den Himmel
Von Frieden, den die eigne Decke breitet.
Du weißt noch nicht: ein eigen Haus, das ist
Ein Kleid zuerst, das deine Notdurft deckt,
Doch mählich wächst dirs an wie eine Haut,
Es hält dich fest, scheint wie mit warmen Wurzeln
Dich festzuhalten an der Erde. Bald
Wirst dus begreifen, wirst nicht einen Pfosten

Dran missen wollen, denn du wirst auch nie-
Mals fremde Kinder für die eignen mögen.

KATHARINA
Doch wenns zu eng wird, wenn es unterm Wind
Zu bröckeln droht und schwankt?

THOMAS
                      Dann ehre
Das Alter dran: es hat für dich geduldet.

KATHARINA
Doch ists denn mein? Mein Wille gilt hier so,
Wie Wind, der durch den Rauchfang niederfährt.
Er herrscht ja hier, und wir sind wie geduldet.

THOMAS (erschreckt)
Wo denkst du hin? Der Ohm! Er ist der Ältre!
Sein war das Haus vor mir, und sein ist alles,
Was er uns gab. Hat er dich nicht empfangen,
Als sei es dein von je?

KATHARINA
                     Dann will ich tun,
Wie mirs beliebt, wenn es mein eigen ist.
Hat ers gegeben, so ists nicht mehr sein,
Und er hat nichts zu mäkeln.

THOMAS
                      Nein, du Kind.
Was wären du und ich im Haus? Nicht mehr
Als Vögel, die hier am Gesimse rasten
Und wieder weiterziehn. Nur Blut und Sippe,
Kinder und Ahnen schließen einen Kreis

Um unser Leben, alles Weilen ist
Nur Fließen zwischen Sterbendem und Neuen.
Rühr nicht daran! Ja, heute fühlst dus nicht:
In dir ist noch die Unrast deines Wanderns.

KATHARINA
Mag sein. Schwerfällig bin ich nicht.

THOMAS
                      Allein
Ich weiß, die Dinge um uns haben Kraft
Aus den Vergangenheiten in sich liegen.
Das hält dich fest, und fest wirst du an ihnen.

FÜNFTE SZENE
DER JUNGE SEEMANN
(öffnet halb die Türe. Er ist ein frischer, lebendiger junger Mensch, aufgeputzt und vielleicht ein wenig schon angeheitert)
He, Gott zum Gruß! Ist dies das Lotsenhaus?
Sie sagten mir, hier geb es jederzeit
Bei guten Menschen einen guten Tropfen.
Bin ich hier recht?

KATHARINA (leise)
           Siehst du, ein Zufall bloß
Hat ihn hereingeführt.

THOMAS (gleichzeitig)
           Ja, Ihr seid recht,
Und recht willkommen, heut und jederzeit.

KATHARINA
Was dien' ich Euch?

DER SEEMANN
      Was Gutes! Was Ihr wollt!
Das Beste hab ich mit: ein leichtes Herz!

KATHARINA
stellt ihm einen Krug Wein hin, er trinkt ein Glas.

DER SEEMANN (es niederstürzend)
Herrgott, das schmeckt! Das schwemmt im Nu
Den Staub vom Wege weg.
   (Wieder einschenkend)
       Auf euer Wohl!
Ach, seid ihr schwere Menschen! Steht und schaut,
Statt mitzutrinken und mit froh zu sein.
Kommt, rückt zu mir! Das macht die Seele warm,
Und Wein schmeckt besser, trinkt man ihn zu dritt.

THOMAS (setzt sich)
Bins ungewohnt! Seh leider hier zu selten
Vergnügtes Volk, meist Menschen, die ihr Unglück
Hinüberschleppen in die Neue Welt.
Da ist man bald gewohnt, abseits zu halten.

DER SEEMANN
Bei mir, da fürchtet nichts. Mir gings nicht schlecht.

KATHARINA
Ich wett, Ihr habt das große Los gewonnen.

DER SEEMANN
Beinah erraten.

THOMAS
Oder habt gefreit!

DER SEEMANN
Das tat ich längst. Habs wahrlich nie bereut!
Ich hab ein Weib, wie man sie suchen kann,
Zwei Kinder, stark wie Bären! Habt Ihr keine?

THOMAS (lachend)
Kommt übers Jahr, vielleicht ist Gott uns gut.

KATHARINA
So schweig doch!

DER SEEMANN
     Wirtin, schämt Euch nicht:
Es gibt nichts Schönres, als ein eigen Kind,
Ehrlich geboren und im eignen Haus!

THOMAS (anstoßend)
Ein wackres Wort! Das Glas für Euer Weib!
(Sie trinken.)
Und jetzt schießt los! Was ist Euch widerfahren?
So lacht man nur, wenn einem noch die Freude
Ganz warm im Leibe steckt.

DER SEEMANN
     Habt Ihr hier schon
Vom Silberschiff aus Paraguay gehört,
Das die Engländer vor Biscaya nahmen?

THOMAS
Glaubs wohl! Das war die beste Prise, hört ich,
Seit fünfzig Jahren.

DER SEEMANN
    Da hatts mich dabei,
Der Schuß im Arm hier ward mir gut gezahlt.

THOMAS
Ihr wart dabei?

KATHARINA
Beim Teilen auch?

THOMAS
Bei Gott,
Das mag ein klotzig Stück gegeben haben!

DER SEEMANN
Wir kriegten jeder Maat fast tausend Taler
In blankem Silber, rein und ungeprägt.
Der Buckel krachte mir davon, allein
Ich schleppt es gern!

KATHARINA (gierig)
Das glaub ich! Tausend Taler!
Ihr seid ein Glückskind! Blanke tausend Taler!

THOMAS
Doch seid nicht unbedacht! Es gibt hier viele
Spieler und Bauernfänger, arg Gesindel,
Die Geld im Nu aus fremden Taschen zaubern.

DER SEEMANN
Nicht meines! Ha! Das ist zu gut verborgen:
Ich habs vergraben.

KATHARINA
Wie? Vergraben? Seid
Ihr klug? Da kanns ein andrer finden, hackt
Nach Wurzeln und gräbt blankes Silber auf.

DER SEEMANN
Die nimmt mir keiner. Ich hab sie vergraben
In eigne Erde, hab ein Haus gekauft,
Acker und Wiese mit zehn bunten Kühen.
Mein Silber ward zur Erde, Stein und Gras,
Und, helf mir Gott, solls gute Früchte tragen!

THOMAS (bewegt)
Da habt Ihr gut getan! Im Wandern sind
Wir Spiel des Winds, die Erde aber hat
Noch Dankbarkeit für ihrer Kinder Liebe.

DER SEEMANN
Ich war grad angelangt und lud den Sack
Mir von den Schultern, um ihn fortzukarren,
Da traf ich einen Nachbar, dens verlockte
Hinüber nach Amerika zu steuern.
Wir wurden handelseins, er geht ins Ferne.
Gott schenk ihm Glück. Ich hab genug getanzt
Zwei Bretter überm Tod, nun will ich fest
Mit beiden Füßen auf der Erde stehn,
Die gleichen Sterne nachts zu Häupten haben
Und nah die Kinder, die so lang entbehrten.
Heimat will ich, all meine Arbeit tief
Einrammen in die deutsche Erde als
Den Anker meines Lebens.

THOMAS (ihm auf die Schulter klopfend)
      Ja, nur wir,
Nur wir am Meere wissens recht, wie fest,
Wie treu es ist, ein Haus. Nur wir, die oft
Den Unbestand der rauhen Flut verkostet
Und ängstlich aussahn gegen Wind und Wolke,

Wir fühlens recht, was dies zur Nacht bedeutet,
Daheim zu sein, wenn sich am Dach der Sturm
Die Hände wundreißt, zornig Regen brandet,
Und innen flammt der Herd, gießt warme Glut
Auf die erhellten Wangen unsrer Lieben.
O andre wissens nicht. Die sind es zu
Gewohnt, zu fremd den losen Elementen,
Viel, viel zu fern von Gottes strenger Hand.
(Er schüttelt ihm fest die Hand.)
Ein guter Wind blies Euch ins Haus. Bleibt da,
Ich hol den Ohm, er soll sich mit uns freuen.
(Rufend:)
Ohm, komm herab!

GOTTHOLD (von oben)
Gleich! gleich!
(Er tritt ein.)

THOMAS
Wir haben
Hier einen guten Gast, heiß ihn willkommen.
Er hat sein Glück am Meer gemacht und gibts
Der Erde zu behüten, hat ein Haus gekauft
An unserm Strand.

GOTTHOLD (warm)
Ich wünsch Euch herzlich Glück.
Ists weit von hier?

DER SEEMANN
Zwei knappe Meilen kaum
Von Eurem Dach!

THOMAS
   Dann gute Nachbarschaft
Für heut und allezeit.

GOTTHOLD
   Gott gebs!

DER SEEMANN
         Ein Trunk
Solls erst besiegeln. Meine Kehle brennt
Vom vielen Reden.
         (Er trinkt.)
         Und dann denkt Euch nur,
Was mir erst Spaß macht, das ist dies: mein Weib
Weiß nichts davon. Sie glaubt, die Gute, ich
Sei nur am Weg, mir neue Heuer suchen.
Ha, wird das eine Überraschung! Morgen
Führ ich sie hin zum Haus und sag: Rührs an,
Da brich den Zaun, zerschlag das Fensterglas,
Du darfst es tun, es ist dein Eigentum.
Ja ja, dein Eigentum, das Spind da, voll
Mit weißer Wäsche, hier die schweren Bänke,
Die Schwelle, da der Acker, dort die Kühe,
Alles ist dein. Die Erde, die du trittst,
Sie reift für dich; der rote Apfel dort
Am Baum, er fällt in deine Hand. Greif zu,
Du darfst ihn schütteln, er ist ja der deine.
Potz, wird die staunen, und die Kinder erst!
Sagt, Freund, war das nicht gut gemacht? Ich bin
Ganz toll davon, die liebe Erde dreht
Sich wie ein Schiff im Sturm vor meinen Füßen!
Kommt! Noch ein Glas auf gute Nachbarschaft!

SECHSTE SZENE
STIMME DES SOLDATEN
(von außen, ein Kolbenstoß an der Türe)
Heda! Holla! Ist niemand drin?

THOMAS (am Fenster, aufmachend)
Was gibts?

DER SOLDAT
Habt Ihr Quartier?

KATHARINA
Gewiß!

DER SOLDAT
Allein ich bin
Der erste nur von fünfundfünfzig Mann,
Die Nächtung brauchen. Ich bin vorgesendet
Vom Offizier, Quartierung auszukunden.
Wir haben die Rekruten zu spedieren,
Die Hessischen und andern, die der Fürst
Hinüberschickt.

GOTTHOLD (schreiend)
Nein! Kein Quartier! Kein Platz!
Ich will kein Geld davon, wenn man die Menschen
Verkauft wie Vieh. Ich will kein Sündengeld.
Sagts dem Major! Nicht unter meinem Dach!

KATHARINA (ärgerlich)
Schweigt doch! Was gehts uns an! Die Scheune hätt
Auch Raum für hundert, und im Hause taugt
Das obre Zimmer für den Offizier.

GOTTHOLD

Ich mag nicht!

DER SOLDAT

Wird auch prompt bezahlt.

GOTTHOLD

Niemals!

THOMAS

Ach Ohm, was wär ...

GOTTHOLD (schreiend)

Ich hab ein christlich Haus,
Und dies ist gegen Gottes Wort, daß man
Die Menschen kauft wie Vieh. In meine Hände
Kein Geld davon, es ist ein Sündengeld!

KATHARINA

Nimmt es der Fürst, warum sollten denn wir
Uns gegenspreizen. Sind wir ärmer doch!
(Zum Soldaten:)
Schafft sie nur her!

THOMAS

Ach Ohm, bedenk nur dies:
Du weißt, mich ekelts auch in tiefster Seele,
Doch weigern wir die Tür, müssen die Armen
Am offnen Feld, im Freien übernachten.
Der Wind ist rauh. Aus Mitleid rat ich zu
Und nicht aus Gier!

GOTTHOLD
(zornig in die Ecke gehend, wo er sich niederläßt)
Tut beide, was ihr wollt.

KATHARINA (zum Soldaten)
Herein mit euch!

DER SOLDAT (verschwindet vom Fenster)

KATHARINA
Ich richte flink die Scheune.
(Lachend:)
Ha! Das wär wohlgetan, den sechzig Mann
Die Tür zu weisen. Solch ein Fischzug glückt
Nicht jeden Tag. Der Fürst soll nur bezahlen,
Wenn er aus Blut die neuen Münzen prägt.
(Ab.)
Thomas und der Seemann treten zum Fenster, das sie geöffnet haben, und schauen rechts gegen die Straße, wo sie den Trupp langsam heraufziehen sehen. Beide stehen einige Zeit schweigend beim Fenster, dann sagt

THOMAS (Atem holend)
Ist das nicht Schmach? In Ketten wie die Mörder
Schleppt man sie her, und haben nichts getan,
Als jung zu sein und eines deutschen Fürsten.
Da ist so mancher wohl darunter, der
Sein Blei verschießt in eines andern Brust
Und weiß niemals, warum, der sterbend
Die Fäuste wühlt in eine fremde Erde,
Die nie er selbst, die nie sein Fürst begehrt.
Seht dort den Burschen, kaum den ersten Flaum
Ums Milchgesicht, saß gestern noch vielleicht
Bei seiner Mutter und trägt heut den Tod
Auf seinen Kinderschultern huckepack.
O deutsches Elend! Zehn Dukaten zahlen
In England sie für einen deutschen Burschen.
Ein Sündengeld, bei Gott!

DER SEEMANN
                    Die Armen! Denkt,
Wir werden ruhn, in weichen Betten schlafen
Und hören von dem Sturme kaum im Traum
Den Flügelschlag. Vielleicht wachen wir auf
Und sagen: Sturm! und schlafen wieder ein.
Sie aber, eingepfercht wie störrisch Vieh,
Schleudern die Wellen ohne Mitleid weiter,
Und steigen sie ans Land, so wirft man sie
Als Futter vor die brüllenden Kanonen,
Schleift sie in Steppen, treibt sie durch die Wälder,
Und all dies um paar Fuder dreckig Gold.

THOMAS
Du armes Deutschland!

DER SEEMANN
                 Ja, die Zeit ist trüb.
Gott schenk uns beßre Jahre!

THOMAS
                  Kommt herein!
Es ist zu bitter, solche Schmach zu sehn
Und dastehn müssen mit verschränkten Händen.

SIEBENTE SZENE

Der Offizier tritt ein. Er ist hoch und schlank, vornehm in der Kleidung und seinem Gebaren, man fühlt sofort den deutschen Edelmann. Sein Alter ist schwer bestimmbar, er dürfte über vierzig sein, sein Haar ist voll, aber leicht schon angegraut. Mit ihm zugleich tritt ein Sergeant ein, derber stämmiger Bauernbursch, und der Werber, ein starker, wilder Soldat mit gerötetem Gesicht und einer heisern, vom Schreien und Rauchen rauhen Stimme. Vor dem Fenster sieht man die Rekruten undeutlich vorüberziehen, hört das Klirren der

Ketten, die Befehle der Soldaten, das Aufstampfen der Kolben. Sie bleiben außen vor der Türe stehen, man hört verworren ihre Reden, manchmal tritt einer hart an den Rahmen der Tür und schaut herein.
Ihre Gegenwart muß ständig fühlbar sein.

DER OFFIZIER (rasch auf Thomas)
Grüß Gott! Seid Ihr der Wirt?

THOMAS
Das Haus ist mein.

DER OFFIZIER
Ich hör, Ihr habt Quartierung vorgerichtet
Für mich und alle die.

THOMAS
Die Stube oben,
Die beste hier im Hause, wartet Eurer,
Und in der Scheune nächtigten auch hundert.
An Streu fehlts nicht.

DER OFFIZIER
Noch eine Frage: sagt,
Ist sie von außen zu vermachen?

THOMAS
Ja.

DER OFFIZIER
Die Luken auch?

THOMAS
Sind keine. Nur die Tür!

DER OFFIZIER
Sergeant!

(Der Sergeant tritt vor.)

DER OFFIZIER
Die Mannschaft sämtlich in die Scheune,
Zwei Posten mit geladenem Gewehr davor!
Ihr selbst und der
                    (auf den Werber)
                        werdet Patrouille machen,
Daß keiner desertiert. Ihr bürgt dafür
Mit Charge und Douceur.

SERGEANT
            Wird wohl besorgt.
            (Ab.)

DER OFFIZIER (zum Werber)
Ihr paßt auf ihn. Wir haben fünfundfünfzig
An Bord zu liefern. Wenn mir einer fehlt,
Zahlt Ihr das Werbgeld. Spart mir allen Ärger,
's ist unsre letzte Nacht, die letzte Wache.

DER WERBER
Seid unbesorgt. Bei mir kommt keiner aus.
            (Tritt zurück.)

DER OFFIZIER
(schnallt den Degen ab und legt ihn auf den Tisch; zu Thomas)
Die Amphitrite, ist sie schon im Hafen?
Ein englisch Schiff.

THOMAS
            Gewiß! Ein großer Schoner,
Die Segel sind gerafft, sie warten nur,
So sagte mir ein Maat, den letzten Trupp
Deutscher Rekruten ab, um fortzumachen.
Der Wind geht gegens Meer, ich denke, morgen
Sind sie schon flott.

DER OFFIZIER (mit einem Seufzer)
                    So doch schon morgen früh!
Mein Gott, ich hatt gehofft, es blieb ein Tag,
Ein letzter Tag! Wie gerne hätt ich es noch
Einmal gesehn, wie hier auf unsrer alten
Geliebten Erde sich die gute Sonne
Durch dunkle Gassen schleicht und auf dem Turme
Den alten Kirchhahn traulich übergoldet.
Nur eine Nacht! Und Nacht hat keine Heimat,
Ist hier wie dort ein Dunkel ohne Namen,
Kaum fühl ichs noch, daß ich in Deutschland bin.
            (Zu Thomas:)
Seh ich dies Haus hier, fest seit vielen Jahren,
Und Euch, der sagt: »Hier bin ich Herr«, so möcht
Ich Euch fast neiden. (Atmend)
                    Doch was soll ich klagen,
Im Schiffe dorten liegt ein halbes Tausend
Verschlagner Leute, und sie fühlen alle
Wie ich in dieser Nacht, und vielleicht mancher
Ist drunter, den der Abschied heißer brennt.
            (Zur Türe hinausrufend, den Rekruten:)
Geht schlafen, Bursche! Nehmt es nicht zu traurig,
Der Krieg ist kurz. Die Insurgenten sollen
Geschlagen sein, so sagt die letzte Zeitung.
Wills Gott, so sind wir übers Jahr zurück.

STIMMEN VON AUSSEN DURCHEINANDER
Gebs Gott! ... Ja wärs nur wahr! ... Gut Nacht! ...
    Gebs Gott!

DER OFFIZIER
wendet sich zum Tisch, um den Säbel zu fassen. Da tritt ihm der
            Seemann in den Weg.

DER SEEMANN
                    Herr Offizier, ich hätte eine Bitte.

                    DER OFFIZIER
Wohlan!
                    DER SEEMANN
          Wie sag ichs gut? Nun denn, mir war
Das Schicksal heute gnädig, und ich möchte
Die nicht vergessen, denens anders ging.
Ich war dabei, wie man das Silberschiff ...
Doch wozu alles das ... Kurz, laßt mich, bitte,
Den armen Kerlen ein paar Krüge Wein
Zum Abschied geben, der schwemmt alles Bittre
Für heut aus ihnen weg.

                    DER OFFIZIER
                         Fürwahr, Ihr seid
Ein wackrer Mann! Wie könnt ich das versagen?

                    THOMAS
Den Imbiß gebe ich. Die Armen sollen
Nicht schlecht von Deutschland denken!

          DER OFFIZIER (schüttelt beiden die Hand)
                                        Wären alle
So gut wie Ihr, es stünde manches anders.
Doch nicht dran denken! Sonst wird unsereins
Das Herz zu schwer. Gott geb uns beßre Zeiten!
                    (Zur Türe hinausrufend:)
Heda! Herein! Kommt her! Vorwärts! Da ist
Ein wackrer Mann, der zahlt euch Wein
Für eure letzte Nacht auf deutschem Boden.
Der gibt den Imbiß.

DIE REKRUTEN

strömen herein. Wildes Durcheinander. Im Augenblick ist das Zimmer voll mit Menschen. Es sind junge Burschen, meist abgerissen gekleidet, manche tragen schon einzelne Uniformstücke. Einige haben die Füße mit losen Ketten gebunden. Sie drängen zum Schank, wo ihnen Thomas ein paar Krüge einhändigt, die sie trinkend einander weiterreichen. Die Türe wird von zwei Soldaten mit aufgepflanztem Bajonett bewacht. Sie sind durch die unerwartete Gabe sehr freudig und laut.

DIE REKRUTEN (durcheinander)
Dank Euch! . . . Gott belohns! . . . Das stärkt das Herz . . . Auf Euer Wohl . . . Viel Dank!

EIN SOLDAT
He, gebt uns auch!

DER OFFIZIER (auf einen deutend)
Das dort ist mein Lateiner! Der hat studiert, schreibt saubre deutsche Verse! He, Seume, mundets?

SEUME
Ei, vortrefflich, Herr!

EIN REKRUT (zu Thomas)
Gott segne Euch!

EIN ANDERER
Viel Glück in Euer Haus!

THOMAS
Ein guter Wunsch!
(Ein Geldstück gebend)
Nehmt das da zum Gedenken.

EIN REKRUT
(schwarzbärtig, wild, mit verzweifeltem Blick, hat sich in dem allgemeinen Durcheinander zu Gotthold gedrängt und sagt ihm hastig)
Hört, Lotse Krüger, Ihr wart meinem Vater
Ein Freund. Er liebte Euch. So helft mir heut!
Sagt mir um Gottes Gnade: geht ein Weg
Von hier ins Preußische.

GOTTHOLD
              Was wollt Ihr tun?

DER REKRUT
Zu meinem Weib, zu meinem Haus zurück.
Sie haben mich geraubt wie einen Hasen;
Ich setz mein Leben dran!

GOTTHOLD
                    Dort quer durchs Feld,
Grad übern Bach und dann die Bäume lang,
Drei Stunden raschen Laufs, und Ihr seid drüben.

DER WERBER (dazwischentretend)
Fort! Nicht geschwatzt! Hinein in eure Scheune!
Vorwärts! Beeilt euch!

DIE REKRUTEN werden vom Sergeanten hinausgestoßen.

DER OFFIZIER (den Degen aufnehmend)
                  Haltet sie zusammen!
Verlaßt den Posten nicht!
      (Zu den andern:)
                  Schlaft gut, ihr Herrn!

THOMAS
Lebt wohl!

DER SEEMANN
Lebt wohl!

DER OFFIZIER geht die Treppe hinauf in sein Zimmer.

DER WERBER (drohend hinter ihm)
Ja, alter Schnauzbart du,
Daß mir die Finger an den Kolben frieren,
Und du liegst warm in deinen Daunen drin!
Das paßte mir! Wart nur ein wenig! — Drüben
Gibts keine Fürsten und kein Junkerpack,
Dort gibts kein Kommandieren, jeder tut,
Was ihm beliebt! Paß auf, du wirst noch blaue
Wunder da drüben sehn!
(Hinaus zum Sergeanten:)
Komm Bruder! Komm!
Laß dort die beiden ihre Wache halten.
's ist unsre letzte Nacht. Das Lumpenvolk
Soll uns, bei Gott! nicht darum noch bestehlen;
Genug geschuftet, bis wir sie herkriegten.
Komm, trink ein Glas!

DER SERGEANT
Die Order aber ist ...

DER WERBER
Ich pfeif darauf! Komm, setz dich.

DER SERGEANT
Gut, allein
Nur eine Stunde!

DER WERBER (auf den Tisch schlagend)
Heda, Wein her, Wein!

THOMAS
Macht keinen Lärm! Gleich werdet Ihr bedient!

DER SEEMANN (zu Thomas)
Was schuld ich Euch? Der Abend liegt vorm Haus,
Und ich muß heim!

THOMAS
Verrechnet mit dem Ohm,
Ich zünd indes die Kerzen. Es wird Nacht.
(Er entzündet langsam zwei Lichter für die beiden vorderen Tische.)

SIEBENTE SZENE

KATHARINA (tritt ein aus der Haupttür)
Ist alles gut besorgt. Gleich sind sie drinnen!

THOMAS (auf die beiden deutend)
Reich ihnen einen Krug!

KATHARINA (füllt ihn an und stellt ihn vor die beiden)
Da! Wohl bekomms!

DER SERGEANT
Verdammtes Zwielicht! Hol mich der und jener,
Wenn ich dich nicht schon irgend einmal sah!

DER WERBER (laut, sie anfassend)
Die Trine! Ha, die rote Trine! Das ist schön!
Komm, rück zu uns! Das nenn ich gut getroffen!

KATHARINA ist im höchsten Schreck zurückgefahren.

THOMAS
(wild aufspringend, zu ihnen hin, faßt den Krug und stellt ihn fort)
Weg mit dem Wein! Ihr seid ja trunken, Kerle!

Dies ist mein Weib und keine Magd. Packt euch,
Sonst spürt ihr diese Faust.

DER SERGEANT (ungläubig)
Euer Weib?

DER WERBER (lachend)
Die Trine! Ei, das ist nicht schlecht! Glückauf!

THOMAS (wütend)
Was lacht ihr, Hunde! Wollt ihr Unfug treiben,
So sucht ein ander Haus.

DER WERBER (ruhig)
Seid nicht so grob,
Mir war nur so ...
(mit Lachen in der Stimme, gemütlich:)
als kennt' ich Euer Weib!

DER SERGEANT (dumm lachend)
Mir auch!

THOMAS (aufschlagend)
Was ist das für ein dreckig Lachen!
Herrgott im Himmel!
(Zu Katharina:)
Kennst du diese beiden?

KATHARINA (zögert verwirrt)

DER WERBER (frech)
Guckt mich nur an! Ich rechne nichts dafür!

KATHARINA
(die sich gefaßt hat, plötzlich mit ganz leichtem Ton)
Ach so, der Franz!

(Erklärend:)
Kaum hätt ich ihn erkannt.
Ein Sohn von meinem Ohm, der früh entlief,
Ein Taugenichts, der Schreck der ganzen Stadt,
Und jetzt Soldat!
(Leicht:)
Wie du verändert bist,
Zehn Jahre habe ich ihn nicht gesehen.
Mein Gott, ich war damals ein kleines Kind.

DER SERGEANT (dumm lachend)
Ein schönes Kind!

THOMAS (unruhig, scharf)
Wie seltsame Begegnung!

DER WERBER (anzüglich)
Ja, schön war das in Naumburg, liebe Trine.
Wo sind die Zeiten hin?

THOMAS (rasch)
In Naumburg? Ist
Nicht Erfurt deine Heimat?

KATHARINA
Wir verzogen
Nach Naumburg, als ich dreizehn war.
(Ein langes peinliches Schweigen. Endlich faßt

THOMAS
mit festem Griff den Weinkrug und stellt ihn wieder stark auf den Tisch)
Verzeiht! Ich wußt es nicht! Ich ahnte nicht,
Daß Ihr bekannt seid und gar blutsverwandt.
Nun weiß ichs und heiß doppelt Euch willkommen
In meinem Haus. Es ist für heut das Eure!

(Er setzt sich an den Tisch, Katharina tut es zögernd auch. Der Ohm verrechnet am Schank noch mit dem Seemann. Man hört undeutlich ihre Stimmen und auch von draußen verworrenes Reden und Scharren, so daß das lange Schweigen zwischen ihnen noch auffälliger wird.)

DER WERBER (endlich)
Die Muhme lebt?

KATHARINA (kurz)
Ich denk.

DER WERBER
Hat sie noch immer
Das liebe gute Haus im Riemergäßchen,
Wo wir oft beisammen waren?

KATHARINA (hart, schon ärgerlich)
Ja,
Ich glaub!

DER WERBER (nach einer Pause)
Bist lang schon fort?

KATHARINA (noch schärfer)
Schon lang!

DER WERBER (unbarmherzig)
Und deinen Mann lerntest du dort wohl kennen?

KATHARINA (ebenso)
Nein, hier!

DER WERBER (ein wenig höhnisch)
Ach so!
(Wieder eine Pause.)

DER SERGEANT
Die Flora ist noch dort?

KATHARINA
Ich weiß es nicht.
(Aufstehend)
's ist Schlafenszeit. Ich glaub,
Wir machen Schluß. Komm, Thomas, willst du nicht...
(In diesem Augenblick knallt ein Schuß hinter der Szene, kurz darauf ein zweiter. Gleichzeitig Rufe und Lärm von draußen. Alle springen auf, der Sergeant und der Werber stürzen zur Tür hinaus. Der Offizier stürmt von oben die Treppe herab, er hat seinen Uniformrock bereits abgelegt.)

DER OFFIZIER (hastig)
Was gibts!

THOMAS (mit sich beschäftigt)
Ich weiß nicht, Herr!

DER SERGEANT (eintretend)
Es ist zu spät.
Er ist schon fort.

DER OFFIZIER
Wer denn?

DER SERGEANT
Der schwarze Bursch,
Den wir vorgestern zur Fahne holten,
Ist desertiert.

DER WERBER (eintretend)
Er ist ins Preußische hinüber.
Der Teufel hole ihn!

DER SERGEANT (geht hinaus).

DER WERBER
Ich sagt es gleich, als ich die Augen sah:

In Eisen schließen, Ketten an die Füße!
Doch Ihr habt nicht gewollt.

   DER OFFIZIER (zum Soldaten, der eingetreten ist)
      Wie ging das zu?

   DER SOLDAT
Wir schoben alle in das Scheunentor,
Er kam als letzter. Und wie ich mich grad
Zu Boden bücke, um die Stang zu fassen,
Womit die Türe schließt, schlägt mir der Bursch
Die Faust so grimmig übern Kopf, daß ich
Hinfliege wie ein Sack, und läuft davon.
Ich wieder auf und pfeffer ihm eins nach,
Obs ihn erwischte, weiß ich nicht. Der andre
Schoß auch: zum Folgen wars zu spät.

    DER OFFIZIER
        Wo stand
Der andre Posten?

    DER SOLDAT
    Bei der Hinterwand.

   DER OFFIZIER (zu dem Sergeanten)
Und Ihr? Ihr standet vorn. Was tatet Ihr?
Wieso saht Ihr ihn nicht?
   (Der Sergeant und der Werber schweigen betroffen.)

    DER OFFIZIER
   (den Wein am Tisch bemerkend, zornig)
      Ach so! Ihr habt
Gesoffen hier, statt eure Pflicht zu tun!
Verfluchtes Pack! Doch mich bekümmerts nicht.
   (Zum Werber:)

Ihr hattet Order, die Patrouill zu machen,
Und habt es nicht getan. So haftet Ihr
Für diesen Mann. Sind morgen mittags nicht
Die fünfundfünfzig Mann komplett an Bord
Und schafft Ihr nicht Ersatz mit eignem Handgeld,
So kostets Euch die Löhnung für zwei Jahre.
Tut, was Ihr wollt!

    DER SEEMANN (lachend, angeheitert)
    Das wär ein teurer Wein!

    DER WERBER (wütend)
Er ist noch nicht bezahlt.
    (Zum Offizier:)
    Wie soll ich ihn
Jetzt fassen in der Nacht? Er ist schon weit.

    DER OFFIZIER
Das fragt den Wein, nicht mich. Seid froh, wenn ich
Nicht wegen pflichtvergeßner Conduite
Euch fünfzig auf den Rücken schreiben lasse.

    DER WERBER (wütend)
Verfluchter Hund!
    (Zum Seemann:)
    Lacht nur, ihr Kerle, lacht!
Glaubt, ich hab leichten Dienst. Bei Gott, ich weiß
Kein ärgeres Geschäft. Die Narbe da am Kopf
Schlug mir so ein Halunk, der Handgeld nahm
Und dann nicht dienen wollt.
    (Zum Offizier:)
    Wie soll ich heut
Noch einen schaffen? Laßt mir länger Zeit,
Dort drüben weiß ich hundert zu beschwatzen!

DER OFFIZIER
Die fünfundfünfzig muß ich morgen stellen.
Doch geb ich Urlaub Euch für heute nacht.
Vielleicht drin in der Stadt, bei den Matrosen
Findet Ihr einen noch, der willig ist.
Mich kümmerts nicht, ich rühre nicht daran.
Tut, was Ihr wollt. Und damit gute Nacht.
(Er wendet sich ab; zu den andern:)
Verzeiht den Lärm! Der Krieg ist ärgerlich Geschäft.
(Er grüßt und geht die Treppe hinauf.)

DER SEEMANN (lachend)
Der schläft heut abend warm im eignen Bett.
Das habt Ihr schlecht gemacht, mein armer Kerl.

DER WERBER (bös)
Nichts zu bedauern!
(Zum Sergeanten, leise:)
Du, der lacht mich aus.
Vielleicht zu früh! Ich will den Burschen fassen,
Der soll noch derb an seinem Lachen würgen.
Komm, Bruder, hilf mir gut.
(Plötzlich ganz verändert. Losbrechend:)
Ein Narr, der klagt!
Was schert mich meine Löhnung? Ob ich sie
Im Spiel verhaue oder Huren schenke,
Bleibt doch nie was. Doch hier hab ich noch Geld,
Die letzten Taler, und die sollen tanzen,
Beim Morgenrot muß es zum Teufel sein.
Das Leben ist ein Dreck. Wein her, gebt Wein,
Laßt nichts im Keller schimmeln! Her den besten!
Und Bruder du, halt mit! Du säufst zwar wie
Ein Loch, doch heut ist alles einerlei.

DER SERGEANT (ihn sekundierend)
Gern, Bruder, gern! Du bist ein Teufelskerl,
Du läßt dich nicht von jedem Lump kuranzen!

DER WERBER (zum Seemann)
Und Ihr kommt auch! Ihr seid ein firmer Bursch,
Der lachen kann. Lacht mir mein Unglück weg!
Frisch, tut Bescheid!

DER SEEMANN (der leicht angetrunken ist)
Es ist schon spät.

DER WERBER
So sagt
Ein Hutzelweib am Nachmittag, wenn sie
Das Loch am Strickstrumpf nicht mehr sieht.
Seid doch ein Mann!
(Er faßt ihn an.)
Hab ich die Gurgel erst
Ein wenig eingeschmiert mit rotem Saft,
Dann will ich was erzählen, daß Ihr nicht
Ans Schlafen denkt und käme noch einmal
Der Mond ums Haus herum.

DER SERGEANT
Und kommt er nicht,
So lügt er ihn herunter.

DER WERBER (in verstelltem Zorn)
Was, du Kerl!
Ich lüg jemals?

DER SERGEANT (wie erschreckt)
Nein! Es war nur ein Scherz!

KATHARINA

hat inzwischen einen Krug Wein gebracht und will ihn vorne auf den Tisch stellen.

DER WERBER

Nein, dort zum Ofen. Meine Glieder klappern
Vor Schreck, wenn ich an meine Löhnung denke.
Kommt, Freund!
>(Er faßt ihn unterm Arm.)

DER SEEMANN
Ach, es ist. . . .

DER SERGEANT
Ein Hauptspaß, paßt
Nur auf.

DER SEEMANN (nachgebend)
Allein nicht lang!

DER SERGEANT
Wo denkt Ihr hin!

DER WERBER (ihn hinziehend)
Solang der Wein hier hält.

DER SERGEANT
Und das ist kurz
Bei meinem Durst.

DER SEEMANN
Nun gut! Ich halte mit.
>(Die drei setzen sich beim Ofen auf eine rückwärtige Bank, so daß man ihre Gestalten in der zuckenden Beleuchtung nur undeutlich sieht.)

DER WERBER (anstoßend)
So recht! Sollst einmal mit Soldaten trinken,

Das ist ein ander Volk als ihr, die nur
Die Pfeffersäcke kennt und eure Batzen.
Das ist ein Leben Bruder!

DER SERGEANT
     Will ich meinen,
Heut da ein Mädel, morgen dort ein andres.
Prost auf die Weiber!

DER WERBER
    Auf die deine!

DER SEEMANN
        Ja,
Das ist ein wackres Weib! Gott schütze sie.
(Er trinkt.)

GOTTHOLD (gleichzeitig)
Was treiben die? Die wollen was von ihm.
Ich will ihn warnen!

THOMAS
(schweigt. Er ist die ganze Zeit über nachdenklich und starrt vor sich hin.)

GOTTHOLD (dringlicher)
    Thomas, gib doch acht!

THOMAS (erschreckt)
Worauf! Ach ja, was gehts mich an ... Ich hab
Genug an mir ...

DER WERBER (laut)
     He, noch ein frisches Glas.
Ihr tut nicht recht Bescheid! Ist da nicht wo

Ein Ding, daraus man Noten quetscht. Mir wird
Nur wohl, wenn ich die Pfeifen quieken höre.
Musik! Musik! Die macht erst Lustigkeit.
Ist da nicht wo ein Ding?
(Sich umschauend)
Armseliges Gerümpel!
Mein Gott, ihr lebt wie Vieh in euern Pferchen,
Ihr Bürgerpack, ihr grauen Küchenratten.
Was wißt ihr von der Welt, ihr armen Teufel?
(Er singt:)
Der dumme Bauer hat gedacht
— wie war er schlecht beraten! —
Wenn ich mir meine Specksau schlacht,
Heidi, gibt das 'nen Braten!
O weh, dem Bauern blieb ein Dreck,
Der König nahm den Schinken weg,
Und seinen Speck und seinen Speck,
Den fraßen die Soldaten!

DER SERGEANT ist lärmend eingefallen.

GOTTHOLD
Heda! Spektakelt nicht, der Offizier ...

DER WERBER
Hol ihn der Geier! Ich will fröhlich sein;
Und du, nicht wahr, du auch?

DER SEEMANN (schon ziemlich trunken)
Jaja! Haha!

GOTTHOLD
's ist schon zehn Uhr!

DER WERBER
  Hörst du die Eule schrein?

GOTTHOLD
Geht jetzt zu Bett!

DER WERBER
  Geh selber, alter Knabe!
Solang der Wein da hält ... Herrgott, der Krug
Hat wohl ein Loch ...

DER SERGEANT
  Nein, das ist Eure Gurgel!
Dort ist er ausgeronnen ...

DER WERBER
  He, Frau Wirtin, he,
Bringt neuen her!

DER SERGEANT
Nein, zwei!

DER SEEMANN (johlend)
  Ja, lieber zwei.

GOTTHOLD (zum Seemann leise)
Laßt Euch doch sagen, Mann ...

DER SEEMANN (wütend)
  Hol Euch der Teufel,
Laßt mich doch trinken! Alles wird bezahlt.

DER SERGEANT
Ja, alles wird bezahlt.

DER WERBER
Schert Euch zum Teufel!

GOTTHOLD
Schon genug!
(Zu Katharina:)
Nichts mehr den beiden!

DER WERBER
(leise zu Katharina, die an den Tisch getreten ist, um die leeren Krüge zu nehmen, mit versteckter Drohung)
Du,
Du wirst ihn bringen. Oder ich erzähle
Hier mancherlei, das du nicht hören magst.
Verstehst du mich?

KATHARINA (hilflos zum Ohm)
Ich bring noch einen Krug.

GOTTHOLD
Nein, ich verbiete es.

KATHARINA
(furchtsam. Dann zum Werber, unter seinem Blick zitternd)
Ich gehe schon!

GOTTHOLD (zornig)
Thomas, wach auf! Bist du der Herr im Haus?
Mich schmähen sie, die hergelaufenen Kerle,
Und treibens wie in einer Nachtspelunke,
Und du sagst nichts?

THOMAS (wieder auffahrend)
Wie meinst du, Ohm? Jaja!

KATHARINA kommt mit den beiden gefüllten Krügen.

DER WERBER
Das ist die Trine. Ja, so kenn ich sie,
Die läßt nicht einen alten Freund verdursten.
Her mit dem Wein. Du bist ein wackres Mädel
Und hübsch wie damals.

THOMAS
ist schweratmend aufgestanden. Er geht unruhig auf und ab.

DER WERBER
So, da stell ihn her
Und bleib bei uns! Hilf uns mit lustig sein!

KATHARINA setzt sich zu ihnen.

DER WERBER spricht leise mit ihr, indes sagt

DER SERGEANT
Das Glas hier für Amerika! Herrgott,
Das ist ein Land, ein Land für freie Kerle,
Nicht so ein Krämerstaat wie dieses Deutschland,
Wo man katzbuckeln muß vor jedem Laffen,
Der goldne Schnüre um die Achsel hat.
Da gibts kein Kujonieren, jeder redet
Nach seinem Schnabel, geht nach seiner Nase,
Und Land gibts dorten, jeder kann es nehmen,
Und zahlt nicht Maut, robotet nicht für andre,
Die unser blutig Geld im Spiel verprassen ...

THOMAS
(der unruhig auf das leise Sprechen des Werbers hingesehen hat,
endlich hintretend und mit der Faust auf den Tisch schlagend)
Genug! Ich mags nicht hören. Hier im Haus
Seid Ihr zu Gast. So achtet seinen Glauben.

Ich wehr nicht, daß Ihr redet, wie Ihr wollt,
Doch duld ichs nicht, daß bei so losen Reden
Mein Weib dabeisitzt. Komm, Kathrine!

KATHARINA steht zögernd a₁

DER WERBER (derb)
Bei uns Soldaten sitzt die Rede locker,
Ich weiß, wir sind nicht Mucker und Pastoren.
Doch wie Ihr wollt. Ihr sollt nichts weitres hören,
Was Euer höfisch Ohr beleidigt.
(Mit einem bösen Lachen zu den beiden:)
Kommt,
Ich will euch etwas anderes erzählen,
Was auch nicht übel ist, doch platzt
Mir nicht vor Lachen, Kerle!

DER SERGEANT
Her damit!

DER WERBER
beugt sich vor und erzählt leise den beiden etwas. An ihren Blicken, die sie auf Thomas und seine Frau von Zeit zu Zeit erheitert herüberwerfen, merkt man, daß er von den beiden etwas erzählt. Von Zeit zu Zeit stoßen sie mit den Gläsern an, man hört während der ganzen folgenden Szene undeutlich ihr Reden und Lachen herein, manchmal lauter, manchmal nur die Stimme des Werbers. Der Sergeant gießt immer wieder dem Seemann Wein ins Glas und nötigt ihn zu trinken.

THOMAS
hat mit einer Handbewegung Katharina aufgefordert, sich an den vordern Tisch hinzusetzen.

GOTTHOLD
der gekränkt im Hintergrund geblieben war, seit ihn der Werber beleidigte, schließt langsam die Fensterläden. Von Zeit zu Zeit bleibt

er stehen und wirft mißtrauische Blicke gegen den Tisch, wo die drei trinken.

THOMAS (zu Katharina nach längerem Schweigen)
Kennst du ihn lang?

KATHARINA (arglos)
Wen denn? Wen meinst du denn?

THOMAS (das vorletzte Wort scharf betonend)
Den! Deinen Vetter dort.

KATHARINA
Nein... Das heißt... ich hab
Ihn lange nicht gesehn. Ein wüster Kerl
War er von je. Wir waren alle froh,
Als man ihn unter die Soldaten steckte;
Ein Lotterbube war er immer und gefährlich
Als Raufbold.

THOMAS (bedeutsam)
Nie erzähltest du von ihm!

KATHARINA
schweigt. Man hört für einen Augenblick die drei grölen.

DER SERGEANT
Haha, famos!

DER SEEMANN (trunken)
Du bist ein Teufelskerl!

DER WERBER erzählt wieder vorgebeugt weiter.

THOMAS (sehr ruhig)
Hör Katharina: ich hab nicht gefragt,
Damals als ich dich traf, im Hafen ganz

Verloren zwischen fremden Straßen irrend,
Ganz ohne Freund — nie hab ich dich gefragt,
Woher du kamst und was dich plötzlich so
Von Haus und Heimat trieb. Du hast mir selbst
Erzählt von deinem Vater, wie er dich
Nicht schützte, als die zweite Mutter kam
Und du entflohst. Ich habe nichts gefragt,
Nie mehr gefordert, als dein Wort verriet,
Ja kaum gehört, was mir dein Schluchzen sagte.
Ich sah nur deine Augen. Angst und Notdurft
Standen als Bitte drin. Und da ich dich
Nach Hause nahm, als Magd zuerst und dann
Als die Gebieterin all meiner Habe:
Noch immer, immer hab ich nicht gefragt.
Ich wußte nur, daß ich sehr glücklich war,
Mehr wollt ich nicht.

(Er schweigt. Man hört die Stimmen der drei wieder lauter von nebenan)   Was sind denn Worte?
Was wär es mir, dein ganzes Leben heut
Wild aufzureißen, das im Schatten ferne,
Und das, was Trauer darin war und Qual?
Wer rückwärts sieht, verliert zu leicht den Weg;
Und meine Träume gingen hin zu Kindern,
Zu unsern Kindern. Aber heute muß ich
Zum erstenmal mir eine Antwort fordern.

KATHARINA (rasch)
Mißtraust du mir?

THOMAS (herzlich)
            Nein, Katharina, nein!
Sei nicht erregt! Was immer du mir jetzt

Von deinen frühen Tagen anvertraust,
Es stirbt mit deinem Wort. Vergangnes ist
Nur Rauch, er kann kein blankes Leben trüben,
Fliegt hin ins Ferne mit dem nächsten Wind.
Sei aufrichtig! Und glaub, auch er wird nichts
Zu fürchten haben. Konnte er denn wissen,
Daß unsre Leben einst zusammenfließen?

KATHARINA
Wer denn? Meinst du am End den Trunkenbold?
Was fällt dir bei? Ich weiß nicht, was ihr habt!
Die Trunkenheit macht solche Burschen frech,
Wer schert sich weiter um Soldatenvolk...

THOMAS
Du weichst mir aus und sagst mir nie das eine,
Das ich begehre.
   (Sehr ruhig:)
   Katharina, sieh,
Sieh in mein Auge! Ist es etwa böse?
Da meine Hand: sag, zittert sie? Ich bin
Nicht einer, der in rascher Unrast brennt,
Der sich verliert in einen blinden Zorn.
Ich habs gelernt am Meer, das unvermeidlich
Gewordene mit kühlem Blick zu fassen,
Und von geborstnem Schiffe ohne Zagen
Zurückzufinden an den alten Strand. —
Sag mir, es war ein Spiel, und ich will lächeln,
Sag mir, es war die Torheit deiner frühen
Und raschen Jahre, und ich wills vergessen
Wie mich als Kind. Ich steh so fest und stark
Mit beiden Füßen da in meinem Haus,
In meinem Glück, halt über eine Welt

Vergangner Dinge dich mit meinen Armen,
Schlag dich in meine Liebe ein, daß nie
Ein Hauch dich rührt — und könnte wirklich sich
Der Bursche dort mit deiner Jugend rühmen!
Sag, was du willst, ich will es sicher tragen,
Will es vergessen! Aber schweig jetzt nicht!

KATHARINA
Was soll ich sagen?

THOMAS
War der Bursche dort
Dir mehr als Vetter? Eine Stunde nur,
Vielleicht nur eine kurze rote Stunde?

KATHARINA
Was du nur denkst?

THOMAS
Ja oder nein?

KATHARINA
(zögert einen Moment. Man hört das Lachen der drei)
Niemals!
Wie kommst du drauf? Sieh dir ihn einmal an,
Da diesen stieren Blick, die rote Faust,
Die gierig einen Krug umkrampft, sieh nur,
Wie er sich rekelt. Schau den bösen Mund,
Von dem die Lüge ausrinnt; hör nur hör,
Wie er jetzt lacht!
THOMAS
Sein Lachen tat mir weh.
Er lachte häßlich, als er dich erblickte,
(aufstampfend)

Ah, wie er lachte!
(Flehend:)
Katharina, sag
Mir jetzt die Wahrheit. Alles kann ich tragen,
Nur dies, dies eine nicht, an dir zu zweifeln,
Daß etwas fremd in dir ist, etwas sich
Vor mir noch fürchtet, mir nicht ganz vertraut.
Fest will ich sein. Mir war zum erstenmal,
Als zitterte mein Glück, als wäre Welle
Und schwanke Flut hier unter meiner Stube.
Wie wär ich glücklich, hätt ich dir ein Schweres
Noch zu vergeben, wär nicht so in Schuld
Für all das Glück, das ich in dir gefunden!
(Wartend)
Es ist die allererste Bitte, Katharina.

KATHARINA (unwirsch)
Ich sagte doch, ich hab ihn kaum gekannt;
Was willst du noch?

THOMAS
Ich weiß nicht. Innen
Wird etwas nicht ganz still bei deinen Worten.
O, mach es stumm!

KATHARINA
(zu Gotthold, der an den Tisch getreten ist)
Ah, das ist wohl dein Werk,
Ihn aufzureizen gegen mich, Unfrieden
Hier auszusäen!

GOTTHOLD sieht sie an, antwortet nicht.

KATHARINA (wieder einschmeichelnd)
Komm, Thomas, komm hinauf,

Es ist bald Mitternacht. Was willst du noch
Hier bei den lauten Burschen, laß sie reden.
Der Ohm rechnet mit ihnen ab.

    THOMAS (düster werdend)
         Ich bleibe
Noch eine Weile.
    KATHARINA
    So soll ich allein?...

    THOMAS
Ich komme bald.

    KATHARINA
     Sei vorsichtig mit ihnen,
Sprich nicht zu viel, der Wein macht sie erhitzt,
Sie suchen Streit, sind wild und händelsüchtig.

    THOMAS
Besorg dich nicht. Leb wohl.

  KATHARINA (zögert eine Weile, dann entschlossen)
       Nun, gute Nacht!
(Sie geht langsam, unruhig zu dem Werber hinschauend, durch die Türe.)

ACHTE SZENE

THOMAS

und Gotthold sitzen am Tische gegenüber, ohne zu sprechen. Gotthold hat wieder seine Pfeife angezündet. Man hört von rückwärts jetzt durch das Schweigen wieder lauter das Gespräch der drei, zuerst nur immer ihr lautes Lachen und abgerissene Worte. Der Werber und der Sergeant sind ganz nah an den Seemann herangerückt, der schon ganz betrunken ist, mit der Hand auf den Tisch schlägt. Der Werber hat den Arm um seine Schulter gelegt.

DER WERBER
Ein Kerl wie du und willst ein Bauer werden,
Am Pflug dich rackern, mit den faulen Gäulen,
Kartoffelsäcke schleppen, daß der Buckel
Dir krumm wird. Nein, das laß den alten Knaben,
Die hinterm Ofen hocken wollen! Du
Gehörst zu Besserem!

DER SERGEANT
                Wär schad um dich!
Du wärst ein Kamerad, durch dick und dünn
Zu gehen bis ans End der Welt. Komm mit!
Was brauchst dich sorgen um Kartoffelsäcke,
Brauchst zuzugreifen nur und hast die Welt
Im Hosensack.

DER SEEMANN
(greift lallend in die Tasche, daß ein paar Münzen herausfliegen; stupid:)
        Nichts ... nichts im Hosensack ...

DER WERBER übermäßig lachend.

DER SERGEANT
Haha! Du bist ein Tausendsasa, Kerl!
Herzbruder, mit dir durch die ganze Welt!

DER WERBER
Ich sag dir, Bruder, in Amerika,
Da liegt das Gold herum, ein armer Lump,
Wie wir, rafft sich im Nu die Schürze voll.
Glaubst du, ich geh hinüber, meinen Prügel
Am Buckel tragen, blaue Bohnen knallen.
Ruck! — Weg damit am ersten Tag! Adjes

Mein Herr Major, ich schmeiß ihms vor die Füße!
Ein Hundsfott, wenn ich mir nicht hunderttausend
Reichstaler mach! Ich will kein Bauer sein,
Den jeder Schulfuchs in den Hintern tritt.
Komm ich zurück, dann sollen sie vor mir
Katzbuckeln! Meine Kutsche will ich haben,
Drei Diener drauf, wie jeder Lausejunker.

GOTTHOLD (gleichzeitig)
Thomas gib acht. Der Kerl schwatzt ihm was vor!
Und er ist trunken.

THOMAS (vor sich hin)
Nein, es kann nicht sein!
(Auffahrend)
Wie?... Ja... gleich löschen wir die Lichter.

DER WERBER
Lakaien will ich haben. War hier lang genug
Schuhputzer für die Großen. Bruder, dann
Fahren wir beide in den Staatskarossen,
Und wer nicht wegspringt, ha, dem salzen wir
(mit einer Geste)
Die Peitsche übers Maul!

DER SEEMANN (aufstehend und die Geste nachahmend)
Die... Peitsche übers
Maul — Haha... die Peitsche...?...
(Er gerät bei der Bewegung des Armes ins Schwanken, der Sergeant
faßt ihn um die Schulter und stützt ihn.)

DER WERBER
Holla, wird das ein Leben!
Komm Bruder, komm mit uns! Du wärst

Ein rechter Kamerad! Vorwärts! Schlag ein!
(Der Werber hält ihm die Hand hin.)

DER SEEMANN
(plump ausholend, mit verständnislosem Lachen schlägt ein)
Schlag ein! ... Haha ...!

DER WERBER (triumphierend, die Hand haltend)
Topp! Es gilt!

DER SERGEANT (wiederholend)
Es gilt!
(Der Sergeant läßt ihn los. Der Seemann schwankt plump hin und her wie ein Sack.)

DER SEEMANN
Ho ... ho ... Die See geht hoch ...
(Er fällt schwer zu Boden.)

DER WERBER (schnell zum Sergeanten)
Jetzt rasch! Steck ihm Das Handgeld zu!

DER SERGEANT
(hilft dem blöde lachenden Seemann auf und steckt ihm dabei das Geld in die Rocktasche.)

GOTTHOLD (wütend dazwischenfahrend)
Kerle, was treibt ihr da!

DER WERBER (rasch zum Sergeanten)
Schaff ihn hinüber!
(Der Sergeant befördert während der folgenden Worte den duselnden Seemann zur Türe hinaus. Der Werber, um den Ausgang zu decken, breitspurig vortretend, zu Gotthold)
Schert Euch den Teufel was!

DER SEEMANN (der hinausgeführt wird, lallend)
Den Teufel... ha den Teufel... ha... ha... ha...

GOTTHOLD (der ihm nach will)
Was macht Ihr mit dem Mann?

DER WERBER (ihm in den Weg tretend, drohend)
                            Er geht zu Bett,
Und laßt Euchs raten, tut das gleiche jetzt!
Ich bin oft grob um Mitternacht, und wer
Mir in den Weg tritt, hab sein Leben lieb!
Steckt Eure Nase nicht in fremd Geschäft,
Es tut nicht gut!

GOTTHOLD (fest)
        Wollt Ihr mir drohen, Kerl?
Ich fürcht mich nicht. Heraus mit diesem Mann!
Was habt Ihr vor mit ihm?

DER WERBER
            Zum Teufel doch,
Was kümmerts Euch, was ich hier red und schaffe.
Ich hab ihm nichts gestohlen, nichts getan,
Was ihm mißhagte.
            (Grob:)
            Sagt, was schuld ich Euch?
Das wird bezahlt und dann haltet das Maul!
(Der Sergeant hat indessen den Seemann in die Scheune geschleppt
und die Tür geschlossen.)

GOTTHOLD
Thomas, hieher...

DER WERBER (höhnisch)
        Ruft nur den Vetter her!

Ja, starrt nur, starrt! Was willst du, Vetterchen?

THOMAS
(der bei dem Worte aufgefahren ist, wild)
Genug und fort! Ihr habt gesoffen hier,
Gelärmt, gequalmt. Doch jetzt macht Schluß!
Ich hab Euch nicht geladen! Fortgemacht!

DER WERBER (höhnisch)
He, Vetter, seid Ihr grob.

THOMAS
Das Haus ist nicht
Matrosenschenke, nicht Soldatenkneipe.
Sucht Euch für heut ein andres auf, vielleicht
Seid Ihr willkommer dort...

DER WERBER (lachend)
Und Euch
Bin ich zu schlecht? Ja vielleicht Euch, haha,
Nur Euch allein ... haha...

THOMAS (erschreckt und drohend zugleich)
Was lacht Ihr so!

DER WERBER
Ich lache, wie ich will. Wems nicht gefällt,
Stopf sich die Ohren zu.
(Er nimmt die Mütze vom Tisch.)
Gut Nacht, ihr Herren!
Viel Dank, daß ihr mich hier im Haus geduldet!
Adjes, Herr Vetter! Und
(bei der Tür)
merkt Euch noch das:
Wer selbst im Drecke sitzt, der halt das Maul.

THOMAS (ihm nachspringend)
Was sagst du, Kerl! Kein Schritt! Ihr bleibt,
Bei Gottes Zorn!
DER WERBER
bleibt ruhig stehen und sieht ihn höhnisch abwartend an.

THOMAS (der zurückgetreten ist, unruhiger)
Heraus mit Eurer Rede!
Was meint Ihr da?

DER WERBER (gleichmütig)
Fragt Eure Frau.

THOMAS (in blindem Zorn)
Halunk,
Du bist ja trunken. Wärst du Vetter nicht
Und blutsverwandt zu ihr...

DER WERBER (lachend)
Ja blutsverwandt,
Wie Katz und Kater!

THOMAS
(niedergeschmettert, die Arme fallen herab)
Nicht ihr Vetter ... nicht ...

DER WERBER
Ihr Vetter! Ha, zum Vetterhaben braucht
Man so etwas wie Vater oder Mutter.
Weiß Gott, wer meine war! Am Zaun
Warf mich ein Weib einmal aus ihrem Leib
In diese saubre Welt, habs nie erfahren,
Wie sie geheißen war, wo sie verreckte.
Nie hatt ich Vetternschaft bis heutgentags.
Kein Schade drum...

THOMAS (stammelnd)
... Mir doch geschworen ... mir ...
DER WERBER
Mein Freund, verstellt Euch nicht! Macht mir
Da kein Spektakel vor. Ihr wißt ganz gut,
Woher die Trine kommt.

THOMAS starrt ihn an wie betäubt.

DER WERBER (gleichgültig)
Nein? Wißt Ihrs nicht?
Fragt den Sergeanten. Könnt auch andre fragen,
Ich war der Erste nicht und nicht der Letzte.

THOMAS
(in wildem Schmerz. Mit geballten Fäusten)
Du lügst! Du lügst!

DER WERBER (wieder grimmig)
So fragt den Büttel, der
Von Naumburg sie mit Schande wegspedierte,
Wohl her in Euer edles Haus, wo ich
Nicht würdig bin, aus Eurem Glas zu trinken.
Ja, Huren werden zimperlich mit Jahren!
Schlaft aus, mein Freund! Und damit gute Nacht!
(Er tritt rasch und schlägt die Türe zu, ehe der erstarrte Thomas
eine Bewegung machen kann. Er verharrt so einige Sekunden.)

NEUNTE SZENE
THOMAS
erwacht dann plötzlich aus seiner Starre und stürzt wie ein Verzweifelter
gegen die geschlossene Tür zu. Gotthold wirft sich ihm entgegen
und hält ihn gewaltsam zurück.

GOTTHOLD
Thomas, was willst du?

THOMAS (verzweifelt)
Lüge ist es, Lüge!
Es kann nicht sein! Nicht wahr, das kann nicht sein?
(Er sieht ängstlich gespannt in das Gesicht Gottholds, das schweigend
und reglos bleibt.)

THOMAS (mit der Stimme niederbrechend)
Es ist nicht möglich, nein!
(Vor sich hinstarrend)
Hier hab ich sie gefragt,
Hast dus gehört?

GOTTHOLD nickt.

THOMAS (wie wahnsinnig aufklagend)
Mein Haus, mein reines Haus!
Fremde verlachen mich; auf meinen Tisch
Trieft Geifer, reden sie von meinem Weibe.
Ohm, Ohm, ich trag es nicht, ich werde toll!
Das Haus erdrückt mich. Aus dem Dunkel starrt
Mit tausend gelben Augen Hohn auf mich,
In jedem Winkel hockt einer und lacht,
Die Stadt, die Nachbarn, ich, ich selber, ich!
Wo flücht ich hin? O Gott, ich fühls, die Brust
Zerbirst davon. Luft! Luft! O Luft und Raum!
Mein Schmerz zerbirst an diesen engen Wänden.
Luft! Luft! O ich ersticke! Fort! Hinaus!
(Er stürzt, ehe ihn der Ohm aufhalten kann, wie ein Trunkener mit
flügelnden Händen in die Nacht hinaus.)

ZEHNTE SZENE
GOTTHOLD
(sieht ihm lange erschüttert nach. Dann schließt er die Türe)
Ich habs geahnt. Von Fremden kommt kein Glück.
(Er verlöscht die Kerzen bis auf eine an dem vorderen Tische, nimmt aus dem Schranke eine Bibel und tritt mit schwerem Schritt zum Tisch.)
Der Wind geht rauh. Doch Gott ist allerwege,
Und auch bei ihm.
(Er setzt sich und schlägt das Buch auf.)
Ich will ihn hier erwarten.

ZWEITER AUFZUG

Der gleiche Raum. Der Morgen dämmert durch die verschlossenen Läden herein. Gotthold ist, am Tische sitzend, eingeschlafen. Die Kerze ist ganz niedergebrannt und zuckt unruhig im Verlöschen.

ERSTE SZENE

KATHARINA

tritt ein und öffnet die Fensterläden. Graues, noch nicht vollsonniges Morgenlicht bricht herein und hellt das Zimmer auf. Jetzt erst bemerkt sie Gotthold.

KATHARINA
He, Ohm! Was macht Ihr da? ...

GOTTHOLD (auftaumelnd)
Wie? ... Morgen ... ja! ...
Wie kam ich her ... Am Tisch hier eingeschlafen ...
(Sich umschauend)
Die Stube ... Morgen ... und am Tische hier ...
(Plötzlich aufspringend)
Mein Gott! Wie konnt ich nur! ... Ist Thomas schon
zurück?

KATHARINA (abgewendet, beschäftigt)
Der ist schon lange fort.

GOTTHOLD
Ist fort,
War wieder hier, sah mich am Tische sitzen
Und ging vorbei? Hat mich nicht aufgerüttelt?
(Wild:)
Das ist nicht wahr!

KATHARINA
Ist wohl bei seinem Werk.
Der Wind geht scharf, da heißt es zeitig auf.
Die Schiffe segeln früh.

GOTTHOLD
Schwatz mir nichts vor!
Ich frag, war er zurück seit gestern abend?

KATHARINA (ausweichend)
Wie Ihr doch tut! Habt doch mit ihm gesessen,
Ihr und die andern, und jetzt fragt Ihr eine,
Die oben war und schlief.

GOTTHOLD (in Erregung)
Noch nicht zurück,
Das Bett an deiner Seite unberührt,
Und du kannst schlafen, kühl sein, so
Ganz ohne Zittern sagen: er ist fort,
Als wär er drüben bei den Nachbarsleuten.
(Sie herumreißend)
Nein, nein, so blickt nicht Schlaf. Dir brennt
Das Lid wie mir. Was lügst du noch? Genug
Unglück davon im Haus!

KATHARINA (sich losreißend)
Schmält Ihr schon wieder?
Heraus damit! Was habe ich getan?

GOTTHOLD
Ich sprechs nicht aus. Genug, daß er es weiß!

KATHARINA
So sagts doch! Sagt! Wer sich an Fremde wendet,

Ist rasch belogen. Her! Was habt ihr alle
Mit einemmal! Warum ist Thomas fort?
Ich will ihn fragen, wenn er wiederkommt.

GOTTHOLD
Ja, käm er nur!
(Zum Fenster eilend)
Mein Gott, die Sonn ist hoch,
Der Kirchturm funkelt schon, auf allen Gassen
Sind Menschen reg, ihr Tagwerk zu beginnen.
Nur er nicht, er! Was ist mit ihm geworden?
O, wie er weglief, mit geballten Fäusten,
Das Dunkel über ihm zusammenschlug,
Und ich, ich hat nicht Kraft genug, um ihn
Zu halten. Gott, daß er doch wiederkäme!
(Zu Katharina:)
So bete doch! Steh nicht so trotzig da.
Schaff mir ihn her! Von dir werd ich ihn fordern.

KATHARINA (unwirsch)
Was wollt Ihr denn? Hab ich ihn fortgetrieben?
Ich weiß von nichts, was gestern hier geschah.
Ist eure Schuld, was setzt ihr euch mit fremdem
Gesindel her, das ihm den Kopf vollschwatzt.

GOTTHOLD (zornig)
Du willst noch rechten? Du?
(Stark und beschwörend:)
Ich sage dir,
Wenn er zurückkommt, wenn, o wenn ihn Gott
Und seines Herzens Stimme einmal noch
Herführt ins Haus, so wirf dich vor ihn hin,

Hin wirf dich, hin ins Knie, wie Weiber an
Den Kirchentüren liegen um Almosen.

KATHARINA (hart)
Ich bettle nicht. Ich habe nichts getan.

GOTTHOLD
Wirf dich ins Knie, sag ich, faß seine Hand,
Die er dir einst vor Gottes Antlitz gab,
Und laß sie früher nicht, eh er verzeiht.
(Ruhiger werdend:)
Ich — will die andre fassen, daß er dich
Im ersten Zorn nicht von sich stößt, ich will
Hinknien für dich, die du mich nie geliebt;
Ja, ich, mit sechzig schweren Jahren, will
Vor diesem Kind mein graues Haar zu Boden
Wie Staub zu Staub hinpressen, denn auch ich
Trag schuld mit dir. Doch du erfass die andre,
Daß er gefangen in des Lebens Kette,
Die vom vergangnen in ein neu Geschlecht
Von Kind zu Ahnen und von Blut zu Blut
Durch seine Hände rollt, der Heimat bleibt.
Halt ihn mit mir! Allein bin ich zu schwach.

KATHARINA
(zögert einen Augenblick. Sie will schon zu ihm sprechen, da strafft
sich ihr Trotz)
Ich — brauche keinen Mittler zwischen uns.
Ich bin mir stark genug.

GOTTHOLD (drohend)
Du, hüte dich,
Du kennst ihn nicht!

KATHARINA (zornig)
                Willst du mir drohn? Womit?
Jetzt bin ich Herrin hier im Haus, wie du
Und er. Glaubt Ihr, ich bin die Magd,
Die damals zag mit krummem Rücken sich
Durch Eure Türen schlich? Ich bins gewesen, ja,
Allein ich habs vergessen: merkt Euch das!
Jetzt ists mein eigner Grund, nicht Lohn und Lehen,
Auf dem ich stehe; wer kann mich verjagen?
Nicht er, nicht Ihr! Ich habe nichts getan,
Was meinem Eid, was meiner Pflicht zuwider,
Ehfrau war ich und Wirtin ohne Makel.
Und all das Frühere —
                (hart:)
                das tat die Magd,
Die ich nicht kenne mehr, tats irgendwo,
Und keinem rate ich, daran zu mahnen!
(Sie steht aufrecht, trotzig und fast frech ihm gegenüber. Eine Wildheit kommt über sie. Gehässig:)
Ja, es ist wahr, ich habe vielerlei
An meinem Leib gespürt, den Hunger drin,
Den Wind durchs Kleid und manche wüste Hand.
Das Leben mocht mich nicht, von Tür zu Tür
Warf es mich weiter und von Bett zu Bett ...
                (Auf ihn zu)
Was starrst du so?
                (Lachend:)
                Die Scham, die liegt am Weg,
Auf dem ich kam, sie alle rissen dran,
Jetzt ists ein Fetzen.
                (Wilder:)
                Weißt du, was das heißt,
Den Leib zu füttern mit den eignen Händen,

Aus seinem eignen Leib sich Geld zu graben,
Kein Heim zu haben, keinen Menschen, Welt,
Nur die erbarmungslos verwirrte Welt
Vor seinen Füßen, nirgends Rast und Ruhe.
Ja, das ist hart! Doch machts auch harte Hände,
Und — fassen die einmal, was sie entbehrten,
Dann saugen sie sich wie die Egel ein,
Trinken sich satt, und obs auch dran verblutet.
Lang sucht ich Heim, jetzt hab ich es gefunden,
Jetzt halt ichs fest — und sei es mit den Zähnen!

  GOTTHOLD (der in Grauen zurückgewichen ist)
Und das . . . das willst du ihm . . .

  KATHARINA
      Werd ich ihm sagen!
Ich weiche nicht; zu bitter ist der Weg,
Den ich gegangen bin zu diesem Haus.
Ich krall mich an, ich gebe nichts zurück!

  GOTTHOLD (im Zorn)
Landstreicherin!

  KATHARINA (höhnisch, stolz)
  Nicht mehr!

  GOTTHOLD
      Bald bist dus wieder!
Die Tür ins Haus geht ein und geht hinaus,
Noch gibts ein Recht im Land, ein doppelt Recht
Für ehrlich sässig Volk und eins für Dirnen.
Krall dich nur an im Trotz, es hilft dir nichts,
Du hast kein Recht ans Haus.

KATHARINA
                    Ich habe eins,
Das besser ist als deins und gelten muß.

GOTTHOLD (empört)
Ein Recht, du Straßentroll? Was brachtest du
Aussteuer denn, wer war Gevatterschaft?
Die Straße warf dich her, sie nimmt dich wieder.

              KATHARINA (höhnisch)
Glaubst du?

GOTTHOLD
   Du wirst es sehen.

KATHARINA
(richtet sich auf, geht hin zur Türe. Dort wendet sie sich noch
einmal um, sieht Gotthold ruhig, voll Überlegenheit an. Dann sagt
     sie kühl wie eine Selbstverständlichkeit)
                    Und das Kind,
Solls vor den Türen betteln?

GOTTHOLD
       (wie vom Blitz getroffen, erschreckt)
                         Welches Kind?

KATHARINA
Sein Kind und meins, das Gott uns schenken will.

GOTTHOLD (ganz verwirrt)
Ein Kind ... sein Kind ...
        (Jäh drängend:)
              Hast dus ihm schon gesagt?

KATHARINA
Niemandem noch ... du bist der erste ...
       (Stark:)

Hab
Ich nun ein Recht an diesem Haus?

        GOTTHOLD (freudig verwirrt)
                Ein Kind,
Mein Gott hab Dank . . . jetzt, jetzt wird alles gut . . .
Das bindet euch . . .
        (Weicher:)
           Und bindet dich an mich.
Ja, sei getrost . . . nun muß sich alles klären . . .
Den besten Mittler hast du angerufen.
Gott selbst hält Fürspruch, wo wir hart geworden . . .
Ein Kind, ein Kind! Wie lange ist das schon,
Daß Lachen hier im dunkeln Zimmer klang,
Mein Ohr hats schon verlernt, nun soll es neu
Vergangne Zeit in neuem Kreis erleben.
        (Beruhigend:)
Nein, Thomas Krügers Kind soll nicht die Straße
Zur Wiege haben: hier im alten Haus
Ist seine Heimstatt, dafür bürg ich dir.

        KATHARINA
(die zur halbgeöffneten Tür hinausgesehen hat, mit leisem Erschrecken)
Thomas! Er kommt!

        GOTTHOLD (sich fassend)
            Weg jetzt. Nicht gleich entgegen,
Vielleicht ist er im Zorn und hört dich nicht.
Ich sags ihm schon, ich weiß, es macht ihn mild,
Dann erst tritt du herein. Jetzt fort!

        KATHARINA geht zögernd ab.

GOTTHOLD

tritt zur Tür, schließt sie und wartet mit zitternd ausgebreiteten Händen in höchster Spannung, bis er endlich die schweren Tritte des Kommenden hört. Dann wird die Tür plötzlich wild und plump aufgerissen.

ZWEITE SZENE

Thomas tritt torkelnd und unsicher wie ein Schlafwandler herein. Seine Kleidung ist in Unordnung, sein Haar verwirrt. Er sieht so starr, daß er Gotthold gar nicht zu bemerken scheint.

GOTTHOLD
Thomas!

THOMAS
wendet sich um, sieht ihn verständnislos an.

GOTTHOLD (erschreckt)
Thomas!

THOMAS
(abwinkend, fällt schwer in einen Stuhl)
Ach, müde ... müde ... Gib mir Wein!

GOTTHOLD
(holt ein Glas. Ängstlich)
Thomas, wo warst du?

THOMAS (winkend, schwer)
Ich? ... ich weiß nicht mehr ...
In mir ist es noch Nacht. Ich bin noch blind.
Wo war ich? Wo?
(Vor sich hin:)
Der Wind hat mich getrieben,
Der gerne mit den wracken Schiffen spielt,

Riß mir die Mütze weg und griff ins Haar.
O tausend Teufel gellten drin; doch da
(auf sein Herz)
Schrie etwas lauter noch als Wind und Welle,
Das lachte auf, ich lief und lief, und immer
Höhnte es nach, schien immer schriller nur
Zu werden, griff mir auf zur Kehle, bis
Ich selber schrie wie ein gehetztes Tier
Und hinsank ohne Kraft.
(Sinnend:)
Ja... ja... und dann
Saß ich am Meer, das grinste tausendäugig
Vom Dunkel her, und wie ich weinte, schwoll
Es sacht heran, die Flut umringte schäumend
Den Fels, darauf ich saß, und leckte gierig
An meinem Fuße wie ein treuer Hund,
Der seinen Herren wecken will vom Schlaf.
So nah wars schon, so nah, ich fühlte mich
Hinübergleiten in die kalten Arme,
Schon war das alles ausgelöscht in einem
Dunkeln Gefühl des namenlosen Leidens.
Da schwoll die Flut zurück. Und oben war es Tag!
(Aufstöhnend:)
Warum riß michs nicht mit! Dort ist ja Nacht
Ohne Erwachen, dort ist Schlaf, der Schlaf,
Der einzig gute ohne Träume. O
Dort sind nicht Menschen mehr, die lügen, dort
Ist Wahrheit, ist die einzig gute Wahrheit.
Warum riß michs nicht mit?

GOTTHOLD
Thomas, wach auf!
Was hilft das Grübeln?

THOMAS (fast wild)
            Sag, was hilft mir sonst?
So sags doch, richt mich auf! Da nimm noch einmal
Die Splitter meines Lebens, mach sie ganz,
Mach mir aus Lüge Wahrheit, Stolz aus Schande,
Ein ehrlich Weib aus einer Hure! Zeig
Mir, wie man lachen kann, wenn über einem
Die Decke birst, die Balken niederprasseln,
So zeigs doch! Sprich! Warum hilfst du mir nicht?

GOTTHOLD
Wer selbst verzagt, verliert. Greif mutig zu,
Die Zeit hilft mit.
              THOMAS
            Ja, Worte, Worte! Zwar ich seh,
Man kann mit Worten, mit zwei armen Worten
Ein Leben stürzen, so wie man mit kleinem
Gerät den Riesenbaum im Walde wirft.
Die schrille Säge frißt in einer Stunde,
Woran vielhundert Jahre Regen, Wind,
Die Kräfte der Natur besonnen bauten,
Doch tausend Jahre fügen nicht zusammen,
Was eine Stunde brach.

          GOTTHOLD
            Thomas, du sprichst,
Als wäre Gott nicht da, dein Wort zu hören.
Nichts ist verloren, wenn er es nicht will.
Hör doch.
        THOMAS (ruhiger)
      Nein, müh dich nicht! Ja gestern
Nahm ich noch Rat von dir. Heut weiß ichs schon,

Daß keiner mehr mir helfen kann. Wir sind
Nicht solcherart, daß wir den Schmerz in Schenken
Vertrinken können, ihn beim Spiel verlieren.
Was einmal tief in unserm Leben war,
Das bleibt, bleibt treu und aufrecht wie wir selbst.

    GOTTHOLD (mit steigender Angst)
Doch was, was willst du tun?

    THOMAS (wild ausbrechend)
                    Ja, wüßt ich das,
Mir wäre leicht, und ständ als Meilenzeiger
An meinem Weg der Tod, ich ging ihn gern.
Die Welt ist weit, vielleicht ist noch ein Winkel
Für mich darin. Wohin? Wohin?
        (Ruhig:)
                         Gott weiß
Allein, was jetzt geschieht. Ich fühl nur das:
Es ist nicht wichtig mehr, ist bloß ein Ende. —
Wohins mich immer treibt, hier riß michs los.

    GOTTHOLD
Nein, hier ist alles, was dich hält. Vielleicht
Hat Gott, indes du schon an ihm verzagtest,
Den liebsten Wunsch erfüllt.

    THOMAS (wild)
                    Ich habe keinen,
Als tot zu sein, im stummen Meer zu liegen;
Ein Ende, Gott, mach nur ein rasches Ende.

    GOTTHOLD
Nein, Thomas, hier ist erst ein Anbeginn.

THOMAS
Nicht mehr für mich, mein Spruch ist ausgesprochen.
Verspielt! Vorbei!

GOTTHOLD (streng)
Willst du mich hören, Thomas?

THOMAS (gequält)
Nein!
GOTTHOLD
Du mußt mich hören! Katharina ...

THOMAS (aufschreiend)
Nicht diesen Namen mehr! Wie Feuer brennts
Da drinnen, hör ich ihn, denk ich ihn nur.

GOTTHOLD
Du mußt mich hören, Thomas.

THOMAS (in bitterster Qual)
Nein, nichts mehr,
Taub werden, taub für alle Menschenrede!

DRITTE SZENE

Ein plötzlicher Lärm an der Türe, der beide aufschrecken läßt. Die große Eingangstür wird jäh aufgerissen. Herein stürzt, ganz verwildert, der Seemann, rechts und links an seinen Armen haben sich zwei Soldaten angeklammert, die er vergebens abzuschütteln versucht. Hinter ihnen der Werber.

DER SEEMANN (ringend)
Laßt los! Was wollt ihr denn? Macht keine Scherze!

DER WERBER
Nur festgehalten! Nein, mein Bürschel, jetzt

Ists schon zu spät. Ausreißer gibt es nicht
In unserm Regiment!

     DER SEEMANN
        Loslassen, sag ich!
Ich bin ein freier Mann!
  (Zu Thomas und Gotthold, die erschreckt zusehen:)
        So helft mir doch!
Um Gottes willen! Seht ihr nicht, die Teufel
Haben sich angekrallt an mich.

     GOTTHOLD (herantretend)
        Was habt
Ihr vor mit diesem Mann?

     DER WERBER
        Er ist Soldat...

    DER SEEMANN (dazwischenfahrend)
Wieso, du Hund? Ich bin ein freier Mann
Und keinem untertan als meinem Fürsten.
Hand weg, ihr Schurken! Helft mir doch! Das ist
Ja Raub. Wir sind in Deutschland. Hilfe! Hilfe!
Mein Recht will ich! Ich bin ein freier Mann!

     GOTTHOLD (inzwischen)
Ich habs geahnt. Darum gaben sie Wein!
    (Leise zu Thomas:)
Ich wollte nicht. Allein dein Weib, die drängte...

     THOMAS
 (macht eine wilde Bewegung, will vor. Da tritt der Offizier ein).

     DER OFFIZIER
Was gibts?

DER WERBER
    Der Bursche da ist angelobt und will
Nicht in des Königs Rock.

DER SEEMANN (schreiend)
        Er lügt. Ich bin
Ein freier Mann. Ich habe Weib und Kind,
Mein eigen Haus, bin niemand untertan
Als meinem Fürsten. Ich beschwöre Euch
Bei Gottes ewiger Gerechtigkeit,
Macht diesem Spiel ein Ende, gnädiger Herr.
Ich schlief, da rissen sie mich plötzlich auf.
Rings war mirs fremd, sie lachten wie die Teufel,
Und als ich aufsprang und nach Hause wollte,
Da hingen sie sich an. Ich habe nichts
Verschuldet, gnädger Herr, ich hab . . .

DER OFFIZIER (unterbrechend)
           Ward er
Von Euch geworben?

DER WERBER
    Ja.

DER SEEMANN
        Niemals, du Lügner!

DER OFFIZIER
Nach Fug und Recht?

DER WERBER
      Er gab den Handschlag und
Nahm Werbegeld.

DER SEEMANN
Nie! Niemals! Nie, ich schwörs!

DER OFFIZIER
Habt Ihr den Zeugen für die Werbung?

DER WERBER
Sprich, Sergeant!

SERGEANT (vortretend, militärisch)
Wir saßen hier beim Wein selbander,
Der Wachtmeister berühmte sehr den Dienst
Der Auxiliarkorps für Amerika,
Und dieser da war äußerst empressiert,
Davon zu hören, flunkerte dann auch
Von seinen Kriegestaten auf der See,
Bezeugte äußerst dringlich sein Verlangen,
Mit uns dahin zu gehen, schlug mit Freuden
In die vom Korporal gebotne Hand,
Ja äußerte sogar den Wunsch, sofort
Spediert zu werden mit den deutschen Truppen
Und Dienst zu tun gegen die Insurgenten.

DER OFFIZIER
Was habt Ihr vorzubringen?

DER SEEMANN
(der ganz entgeistert zugehört hat)
Ich ... Ich weiß von nichts.
Sie gaben Wein und Wein ... ich mußte trinken ...
Ich weiß nicht, was sie sagten ... jetzt noch ist
Ein roter Nebel mir im Kopf ... sie sagten,
Es sei nur Spaß ... so sagten sie ... Sie lachten,

Ich lachte mit ... Mehr weiß ich nicht.
(Plötzlich wild:)
Ich weiß
Nur dies: ich hab ein Weib, ein Haus, hab Kinder
Und kein Verlangen in die Welt hinaus.
Ich bleibe hier, und keine Macht der Erde
Reißt mich vom Platz. Ich bin ein freier Mann
Und will es bleiben.

DER OFFIZIER (zum Werber)
Sind der Zeugen mehr?

DER WERBER (auf die beiden)
Die sahens auch, wie er den Handschlag gab.

GOTTHOLD
Doch nur zum Scherz!

DER OFFIZIER (düster)
Damit ist nicht zu spaßen.
Das Handgeld nahm er auch?

DER SEEMANN (schreiend)
Niemals! Niemals!

DER WERBER
Gewiß! Die volle Löhnung für drei Monde,
Zehn Friedrichsdor in frisch gemünztem Gold,
Ein Beutelchen in unsern Landesfarben.

DER SEEMANN
Er lügt! Halunk! Nie nahm ich Werbegeld,
Ich brauche niemands Geld, bin ja kein Bettler!
Frei bin ich, frei!

DER SERGEANT
So sucht ihn ab!

DER SEEMANN
Gewiß!
(Der eine Soldat läßt ihn los. Der Seemann reißt sich die Taschen
auf, der Beutel fällt zur Erde. Der Werber hebt ihn auf und weist
ihn vor.)

DER WERBER
Nun? hab ich gelogen?

DER SEEMANN
(zuerst verblüfft. Dann aufheulend)
Das ist Betrug!
Ich nahm kein Geld. Da nehmt noch mehr. Da nehmt
Vierzehn Dukaten, nehmt sie noch dazu.
Ich war berauscht. Ich wußt nicht, was ich tat.
Gnade, Herr Offizier!

GOTTHOLD
Sie haben ihm
Was vorgeflunkert. Er war nicht bei Sinnen.
Ich bitt Euch, pardoniert ihn.

DER OFFIZIER
Das zählt gleich
Vor dem Gesetz. Das muß ich hier vertreten.
(Zum Seemann:)
Gott helfe Euch. Ihr habt es schwarz getroffen,
Ihr gabt den Handschlag, nahmt das Geld und seid
Soldat von jetzt auf sieben Jahr.

DER SEEMANN (aufschreiend)
Auf sieben ...

Auf sieben Jahr? Das kann nicht möglich sein.
Ich habe gestern mir ein Haus gekauft
Mit meinem letzten Geld. Nichts bleibt mir mehr!
Wovon soll meine Frau, sollen die kleinen
Unmündgen Kinder leben? Herr, es kann
Nicht Wahrheit sein. Gott ist gerecht, er läßt
Nicht Kinder Hungers sterben, jagt die Frau
Ins Elend hin, weil ich in einer Laune
Hier saß und trank.
    (Aufstampfend:)
    Verfluchtes Haus! Daß ichs
Betrat! Macht biedere Gesichter, reicht
Die Hand dem Fremden wie die besten Freunde
Und klappt indessen schon die Mäusefalle.
Verfluchtes Haus! Weg, weg, ihr Spießgesellen,
Ihr Menschenhändler, ihr!

  GOTTHOLD (entsetzt)
    Das ist nicht wahr!

  THOMAS
Laß ihn nur fluchen! Er hat recht, der Arme!
Ich fluch mit ihm!

  DER SEEMANN
    Herr, Herr, gebt mich doch frei!

  GOTTHOLD
Er hat ein Weib, hat Kinder.

  DER OFFIZIER
    Glaubt Ihr, ich
Steh ganz allein? Wollte ich erst beginnen
Zu fragen nach Gerechtigkeit, ich müßte

Den Degen da zerbrechen und vom Hut
Die Schärpe reißen.

          GOTTHOLD
            Ihn aber trieb der Wein!

        DER OFFIZIER
Und andere die Not. Da, geht doch zu
Den Armen, die ein Wort hinüberschleudert,
Geht, fragt sie ab, ob einer drunter ist,
Der dazu lacht, der nicht die Fäuste ballte!
Ich habs verlernt, dem Unglück nachzusinnen.
Ich tue, was ich muß.

        DER SEEMANN
     (in die Knie vor ihm stürzend)
            Herr, gnädger Herr,
Erbarmt Euch meiner. Seht, ich bin noch jung.
Ich will roboten wie ein Tier, will Geld
Zusammenraffen sieben ... zwanzig Jahre,
Daß mir die Finger bluten, Frondienst tun,
Nur laßt mich hier bei meinen Kindern,
Daß sie nicht Hungers sterben. Alles Geld,
Das ich erraffe, soll Euch dafür zahlen,
Ich schwörs beim heiligen Evangelium.
Nur laßt mich hier!
     (Vor sich hinstarrend)
           Sie stehen jetzt zu Hause,
Die Mutter hebt das Jüngste an die Fenster,
Sie warten, warten, werden ungeduldig
Und warten doch vom Morgen bis zum Abend.
Das Geld im Schrank ist karg, und morgen werden
Sie hungrig sein. Und ich bin noch nicht da.

Die Kinder fragen, und die Mutter weiß
Die Antwort nicht.
(Aufschreiend:)
Herr, so habt doch Erbarmen!
GOTTHOLD
Hört doch auf ihn.
DER OFFIZIER
(mit einem wilden Ingrimm)
Ich darf auf keinen hören,
Ich darf nicht Menschen hören, muß Soldaten
Herstampfen aus dem Boden! Fünfundfünfzig
Hab ich zu liefern an das Regiment
Und bürge selber für des Fürsten Wort.
Mir steht das Recht nicht zu, zu pardonieren.
DER SEEMANN
(zu seinen Füßen hinrutschend)
Herr, ich halt Euer Knie. Ja, es ist Fleisch
Und Bein, Ihr seid ein Mensch, müßt fühlen,
Wie andre können. Habt doch Mitleid, Herr!
(Röchelnd:)
Ich habe keine Stimme mehr... Das Blut
Erwürgt mir meine Kehle... Herr, o Herr!
Seid gnädig...
(Er fällt wie eine leblose Masse zu seinen Füßen und bleibt reglos
liegen.)
DER OFFIZIER
(mit abgewendetem Gesicht und sichtlicher Anstrengung, seine Bewegung zu verbergen. Knapp:)
Ihr übernehmt, Sergeant,
Die sämtlichen Rekruten in Eskorte
Hinabzuführen. Ist der Zug bereit,

So gebt das Hornsignal und rührt die Trommel.
Ich folg Euch nach. Paßt auf! Ihr garantiert
Für alle fünfundfünfzig hier mit Charge,
Patent und Sold.
   (Zu Gotthold, der etwas sagen will, leise beim Abtreten:)
            Erfragt mir dann von ihm
Namen und Ort. Vielleicht gelingts beim Fürsten,
Frühere Rückberufung zu erwirken.
Glaubt nicht, ich sei vor seinem Unglück blind,
Ich hör auch dort, wo ich nicht hören darf.
Mehr kann ich nicht.
   (Abwehrend zum Ohm, der etwas sagen will:)
            Nein, nein, nichts mehr!
   (Er tritt durch die Seitentüre wieder in sein Zimmer zurück.)

VIERTE SZENE
(Einen Augenblick verharren alle schweigend. Dann tritt der Werber
   vor und faßt den wie leblos Hingestreckten an.)

DER WERBER
Heda! Macht keine Federlesen! Auf!
Habt jetzt Bescheid, da gibts kein Echappieren.

DER SEEMANN (röchelnd)
Laßt mich! Ich kann nicht mehr.

DER WERBER
            Das sagt
Ein jeder und hats schließlich doch gelernt.
Habt heute nachts genug geschlafen. Vorwärts,
In die Montur und dann den Eid geschworen!
Jetzt heißts: pariert.

DER SEEMANN
          Um Gottes Gnade, habt
Erbarmen, laßt mich los!
          GOTTHOLD
                    So wartet doch!
Ihr seht ...
          DER WERBER
                    Ach was, das Flennen rührt mich nicht.
Kenn die Musik, ein jeder spielt sie auf:
Der hat ein Mütterchen, der eine Braut,
Dem bangt es für sein ungegerbtes Fell.
Vorwärts, sonst werd ich dir das Laufen lehren!
     (Die Soldaten packen den Seemann, der wild um sich schlägt.)

          DER WERBER
       (während sie ihn aufschleppen, der sich heftig sträubt)
Fest zugegriffen! Jetzt lacht er nicht mehr.
So nett ist das Soldatenleben nicht,
Wie mans erzählt beim Wein, damit beizeiten
Die dummen Vögel in die Schlinge gehen.
Vorbei mit der Gemütlichkeit, mein Freund,
Die Fuchtel ist bei mir aus hartem Holz.
Vorwärts mit ihm!

          DER SEEMANN
          (von den beiden gehalten, auf ihn zu)
                    Verfluchter Hund du, Schurke!

          DER WERBER
Schimpf nur, mein Knabe, jetzt kostets noch nichts,
Wird alles schon bezahlt zu seiner Zeit!
Nicht mucken wirst du mehr. Ja sieh mich nur
Mit wilden Augen an. Jetzt lache ich!

DER SEEMANN (mit den beiden ringend)
Laßt mich, ihr Teufel!
(Er kriegt eine Hand los und schlägt sie dem Werber ins Gesicht.)
Da.

DER WERBER (zurücktaumelnd. Wütend)
Verfluchter Hund!
Gebt ihm einmal die Kolben in die Rippen!
(Die Soldaten geben ihm einen Stoß, daß er aufschreit.)

DER WERBER
Ha, tanzt du schon? Wart doch auf die Musik,
Die dir das Tau am Buckel pfeifen wird!
Gibt andres noch. Spießruten sind nicht übel,
Wenn einer bockig ist.
(Zum Sergeanten:)
Handfesseln an!
Und festgeschraubt. Du wirst schon laufen lernen!
(Lachend:)
So sind sie alle in den ersten Tagen:
Ein bißchen bockig, diese Engelchen.
Dann kürzt man ihnen mählich die Ration,
Zwei Tage Hunger, Prügel und Arrest,
Und sie sind mürb wie Zunder.
(Die Handfesseln sind angeschraubt, die Soldaten lassen den Seemann
 los, dem die Hände jetzt auf den Rücken geschnallt sind.)
So, versuchs
Mein Bürschchen, schlag jetzt nochmals zu. Du hast
Ja derbe Fäuste. Wollen einmal sehn,
Ob meine buttrig sind. Schau an, ich glaub,
Die können Knochen brechen. O, du wirst
Ein sanftes Täubchen sein, das seh ich schon,
Frißt mir schon morgen aus der Hand.

DER SEEMANN (knirschend)
             Gebunden!
Ihn nicht erdrosseln können!

DER WERBER (ihm hart ans Gesicht rückend)
             Ja friß
Nur deine Wut, was andres kriegst du nicht,
Bis du manierlich wirst. Ja, bleck nur mit
Den Zähnen. Glaubst du, mich erschreckts?

GOTTHOLD
             Ich kanns
Nicht länger sehn, wie sie den Armen höhnen.

DER WERBER
Spar doch die Wut. Könntest daran zerbersten.
Komm Bürschchen, komm!

GOTTHOLD (laut)
             Jetzt ists genug,
Das duld ich nicht. Dies ist ein christlich Haus.
Habt Ihr nicht Scheu vor Gott?

DER WERBER
             Was schert dich das?
Bin einzig untertan der königlichen
Justiz der englischen Armee und hab
An keinen andern Rechenschaft zu geben,
Wie ich die Zucht in meiner Truppe halte.
(Er faßt den Seemann, der vom andern Soldaten aufrechtgehalten wird, bei der Schulter.)
Vorwärts! Sonst werde ich dir Beine machen.
             (Zum Soldaten:)
Pfeffer' dem Faulpelz eine auf den Buckel!
(Der Soldat gibt dem Seemann einen Stoß, daß er vorwärtstaumelt.)

THOMAS
(der sich mit beiden Händen am schweren Tisch festgehalten hatte,
um seine Erregung zu bändigen, tritt jetzt vor. Eine ungeheure
Spannung ist in seinem Wesen, seine Stimme ist tief und von ver-
haltener Wildheit)

Ein Augenblick; ich will dir etwas sagen:
Das ist mein Haus und meine Stube. Hier
Gebiete ich. Und wer hier steht und geht,
Tuts nur, solange ich es will und dulde,
Und wärs selbst Englands heilige Majestät.
Zu bitter wird der Spaß: ich hab genug!
Der Mann bleibt hier, bis ihn der Offizier
Mit sich vom Hause nimmt; und wer ihn quält,
Fliegt vor die Tür. Habt Ihrs gehört? Hinaus!
(Er deutet auf die Tür. Der Werber läßt den Seemann nicht los,
tritt aber ein wenig zurück. In vermittelndem Ton:)

DER WERBER
Mein Freund ...

THOMAS (hart)
Der bin ich nicht. Ich hab noch nie
Nach Bruderschaft verlangt mit Menschenschindern.
Ich hab Gemeinschaft nie mit Euch gehabt,
Und — hatt ich sie, macht sie mich nicht gemein.
(Verächtlich:)
Schmier anderswo den Unrat in die Stuben,
Hier fortgemacht! Genug die Luft verpestet,
Genug an Schmutz und Unheil eingeschleppt!

DER WERBER rührt sich nicht.

THOMAS (zornig)
Du willst nicht? Nein?
(Befehlend:)

      Ohm, gib die Peitsche her!
Will sehn, ob ich noch selber weiß, Gesindel
Aus meiner eignen Stube auszuräuchern.

    DER WERBER (schäumend vor Wut)
Nehmt Euch in acht...

      THOMAS (verächtlich)
      Vor Euch? Jetzt wärs zu spät.
Am Tag hab ich nicht mehr vor Dieben Angst.
Wer nachts Gelichter einläßt, der darf freilich
Nicht klagen, wenn sie ihm sein Bett beschmutzen.
Die Nacht ist gut für alle Schurkereien,
Allein am Tag gebraucht man seine Fäuste.
Packt Euch! Der saubre Spaß geht jetzt zu Ende!

    DER WERBER weicht nicht.

      THOMAS (wild)
Die Peitsche her! Die Peitsche!
(Er schlägt mit der Faust den Werber auf den Arm, der den Seemann festhält.)
          Weg die Hand,
Du Henkersknecht!

    DER WERBER
hat zurückfallend ein Messer herausgerissen und will auf Thomas
       eindringen.

    THOMAS (aufgerichtet auf ihn zu)
Ja, zuck dein Messer nur,
So stoß doch zu! Glaubst du, ich habe Angst?
Ich steh schon dort, wo Furcht und Hoffen längst
Zwei leere Worte sind, wo man mit Tod
Und Leben wie mit Pfeffernüssen spielt.

Bursch, weich mir aus! Denn Menschen sind gefährlich,
Sind sie einmal so weit, wie ich es bin,
Und daß ichs bin, will ich dir gern bezahlen.

DER WERBER macht eine Bewegung auf ihn zu.

THOMAS
Komm doch heran! Stoß zu, Halunk! Stoß zu!
Was ist dir denn ein lausig Menschenleben?
Kannst du nur martern, kannst du nicht auch morden?

DER WERBER
(unter seinem Blick zurückweichend, steckt das Messer ein, mit einem rauhen Lachen)
Machte nur Schererei! Das ists nicht wert.

THOMAS (halb für sich)
Wär nicht das Bitterste gewesen, das
Du hier im Hause getan.
(Er rafft sich auf, stößt den Soldaten weg.)
Jetzt losgelassen!

DER SEEMANN
schwankt, allein gelassen, und fällt wieder schwer zu Boden.

THOMAS (zu ihm niedersehend)
Du Armer, ruh dich aus! Die eine Stunde
In meinem Haus sollst du noch Ruhe haben.
Wollt Gott, ich könnte mehr!
(Sich umwendend, brüsk:)
Ihr seid noch da?

DER WERBER
Wie meine Order ist, wenn Ihr verlaubt.

Und rühr mich nicht vom Fleck ohne den Mann.

THOMAS
Nicht? So! Dann wird es Zeit!
(Er geht mit raschem Schritt auf den Schrank los, reißt ihn auf und
nimmt eine Pistole heraus, die er anschlägt. Befehlend:)
Ich sag: hinaus!
Hinaus aus meinem Haus bei Eurem Leben;
Ich sags zum letztenmal: wer an ihn rührt,
Wer, eh der Offizier die Order gibt, ihn weg-
Zuführen, zwischen diesen Wänden bleibt,
Schmeckt von dem Blei.

DER WERBER
(hat ihm einen Augenblick in die Augen gesehen. Dann in der Stimme
umschlagend und sich wendend)
Musjöh ist schlechter Laune.
Ich weiß warum! Drum macht er schlechte Späße.
(Zum Soldaten:)
Komm, Bruder, komm! Solcherlei Dinge gehn
Oft leichter los, als einem rätlich ist.
(Zu Thomas:)
Doch merkt gefälligst Euch das Reglement:
Wer einem Deserteur die Flucht erleichtert,
Ihm Obdach bietet, Zehrung oder Kleidung,
Fällt unter das Gesetz.

THOMAS
antwortet nicht. Deutet nur mit der Hand auf die Tür.

DER WERBER
Ich hoffe, Ihr
Verstattet, daß ich auf den Ausgang wache.

THOMAS
Ich selbst schütz meine Tür. Ich bürg für ihn.

DER WERBER
Adjes, ihr Herrn.
(Höhnisch:)
Dauert nicht allzulang,
So hol ich ihn mir doch. Schad um die Müh!
(Er geht mit dem Soldaten ab. Die Tür bleibt offen.)

THOMAS (wirft die Pistole auf den Tisch)
Wie feig sie sind. Nur martern und nicht morden,
Erst mich, dann ihn . . .
(Zu Gotthold:)
Ohm, laß ihn jetzt allein!
Seh ich ihn an, so ists, als grinst' ein Spiegel
Mir meine eigne Fratze grell entgegen,
Als seis mein Schmerz, der sich hier winselnd krümmt,
Mein Schrei, der sich in die vier Wände krallt!
Ich beug mich über meinen eignen Leib
Und steh doch selbst dabei und kann nicht helfen,
Nichts tun, als ihm eine Handvoll Stille schenken
Vor seinem letzten Gang. — Laß ihn allein!
(Er wendet sich langsam um und geht mit Gotthold. Sie schließen
die Türe.)

FÜNFTE SZENE

DER SEEMANN
(bleibt lange wie ein Klumpen reglos liegen. Dann richtet er sich
ungelenk halb auf und sieht um sich)
Wo sind sie? . . . Fort! . . . Allein? . . . Allein! . . .
(Er reißt an den Fesseln.)
Zu fest . . . verdammt . . . Ist keiner da . . . Nein, nur

Die Schritte an der Türe auf und ab,
Die Wächter, daß ich ihnen nicht entlaufe ...
Gefangen wie ein Tier! ... Und keine Hilfe ...
         (Plötzlich wild:)
Gott, wo bist du? Sieh her! Dein ewig Auge
Durchfliegt die Räume. Wo ein Herz in Qual
Sich einsam bäumt, hörst du, so sagen alle,
Die Stimme durch die Tränen. Gott, mein Gott,
Ich habe nie gelernt, zu dir zu beten,
Hab nie in deinem Buch gelesen, weiß auch nicht,
Wie man dich anruft in der Not. Und doch,
Gott, hör auf mich, nicht mich, hör meine Qual.
Du weißt, so sagen sie, noch Wege, wenn
Die Menschen blind sind, teilst die schwere Nacht
Mit deinem Blitz entzwei. Sei gnädig, Herr!
Barmherzigkeit!
         (Atem holend. Dringlicher:)
         Ich hab dich nie gerufen,
Nie dir gedankt. Sonne und Licht, das Leben
Nahm ich, ein stumpfes Tier, aus deinen Händen,
Ich nahm und nahm und habe nie gefragt,
Wer es mir gab. Ich fühls, ich war ein Sünder,
Ich hab gelacht im Sturm, wenn andre dich
Anriefen, heiß vor Angst, und faßte nur
Das Steuer fester an, hab sie verspottet,
Die in den Winden deinen Atem spürten —
Doch du, du rechtest nicht. Ich fühls, du mußt
Dort oben sein, wo ich nur Wolken glaubte,
Mein Unglück langt nach deiner Helferhand.
Gott, hilf mir, Gott, und niemals war, ich schwör es,
Ein Mensch dir treuer! Tu ein Wunder, Herr,
Und mach mich frei! Gib wieder mich den Meinen,

Zerreiß die Kette!
(Er hält inne, dann verzweifelt:)
O, er hört mich nicht!
Was habe ich getan, daß deine Hand
So strafend auf mich fällt? Du kannst nicht wollen,
Daß deine Kreatur so unrecht leidet,
Herr, sieh auf mich!
(Er horcht wieder; matt:)
Nichts! Nur der Schritt
Der Wächter auf dem Gang, die mich belauern.
Vorbei! ... Gott hört mich nicht ... Vorbei ...
(Er sinkt wieder zusammen. Manchmal schüttelt ein Schluchzen seinen
Körper, daß man die Kette leise klirren hört.)

SECHSTE SZENE

Während der letzten Worte ist Thomas lautlos eingetreten. Er bleibt
lange an der Tür stehen und sieht bewegt auf den Hingestreckten.
Endlich tritt er heran und berührt ihn vorsichtig an der Schulter.

THOMAS
Mein Freund...

DER SEEMANN
(ohne aufzusehen, krampft sich zusammen)
Nein, nein! Noch nicht! Laßt mich hier liegen, laßt
Mich eine Stunde noch, nur eine Stunde,
Daß ich die Erde spüre, nur die Erde,
Die meine Kinder trägt!

THOMAS
tritt einen Schritt näher, beugt sich über ihn.

DER SEEMANN (schreiend)
Nein, nein! Noch nicht!

Ich halt mich fest, krall mich hier eisern an,
Nicht lebend sollt Ihr mich vom Boden reißen!
Faßt mich nicht an!
    THOMAS
     Habt keine Angst, Ihr Armer!

  DER SEEMANN (richtet sich auf, starrt ihn an)
Gott sei gedankt ... noch nicht ... was wollt Ihr denn?
     (Ängstlicher:)
Was wollt Ihr denn?
    THOMAS
     Seid unbesorgt. Ich dachte,
Weil Euch dies Unglück hier im Haus betraf,
Wärs meine Pflicht, Euch Hilfe anzubieten.
Habt Ihr noch einen Auftrag, einen Wunsch,
Da nehmt den Beutel, er ...
    DER SEEMANN
     Weg von mir! Weg!
Es gibt kein Mitleid mehr auf Erden, sonst
Läg ich nicht hier. Du willst etwas von mir!
So arm ist keiner, daß ein andrer nicht
Ihn noch bestehlen wollte. Aber ich, ich bin
Der Ärmste, bin der Elendste der Welt.
Weg von mir, weg!
    THOMAS
     Das kann nie einer sagen;
Heut stand ein andrer hier in dieser Stube,
Der sagt' es auch.
    DER SEEMANN
     Schwatz andern etwas vor!
Geh fort. Wenn irgendwo ein Hund verreckt,

Läßt man ihm Ruh. Ich brauche keine Menschen,
Sie lügen alle, alle sind sie Schurken!
(Plötzlich innehaltend, schluchzend:)
Nein, nein, nicht alle ... Manche sind noch gut,
Doch die straft Gott ... die läßt er Hungers sterben.
(Er wirft sich auf sein Gesicht und weint.)

THOMAS
(sieht bewegt auf ihn. Endlich sehr langsam, wie mit einem reifenden Entschlusse)
Du liebst dein Weib?

DER SEEMANN (wild auffahrend)
Willst du mich höhnen, Hund!
Ja, ja, ich hab ein Weib, ein Weib wie Gold.
Sie hat gewartet sieben Jahr. Die Mutter
Schlug sie aufs Blut, sie möchte einen andern
Statt meiner frein. Doch sie blieb fest und treu,
Sie hat gewartet sieben lange Jahre,
Bis ich sie freite...
(heulend:)
und die Schurken mich
Wie Vieh verkaufen nach Amerika.
So freu dich! Lach! Reib dir die Hände! Du
Bleibst ja bei Weib und Kind am warmen Herd,
Frierst nicht und hungerst nicht. Und langweilts dich,
So hast du einen Spaß, an mich zu denken.
So lach doch, lach!

THOMAS (ernst)
Und Kinder, sagst du auch!

DER SEEMANN
Was quälst du mich? Hab ich dir was getan?
Da liege ich gefesselt, ohne Arme,

Ein Wurm auf dieser Erde. Komm
Und tritt mich tot! Mehr will ich nicht von dir!
So hilf doch! Mach mich frei!

THOMAS
(wegtretend, von einem Schauer gepackt)
Schrie ich nicht selbst
Vor einer Stunde so und wußte keinen
Im Rund der Erde, der mir Antwort sagte?
Der aber...

DER SEEMANN (in bitterster Qual)
He, jetzt schweigst du doch! Fort,
Laß mich allein mit mir!

THOMAS
(sich aufrichtend, ernst vor sich hin)
Da ist ein Weg!
Gott mach mich stark, daß ich ihn aufrecht schreite.
(Auf den Seemann zu)
Freund, hör mich an...

DER SEEMANN
Weg, sag ich, weg mit dir!
Such deiner Langeweile andres Spiel
Als mich. Und wenn du hungrig bist,
Friß Brot, friß dich nicht satt an meinem Schmerz!
Weg, grins nicht meinen Jammer an
Wie ein gefesselt Tier, sonst fluch ich dir,
Und Fluch aus solcher Stunde frißt sich ein!
So hüte dich!

THOMAS (tief atmend)
Mir tut kein Fluch mehr weh, —
Vor Schmerz bin ich gefeit, ich hab so viel,

Als einer tragen kann. Allein ich will
Mit dir nicht rechten drum. Der meine ist
Von solcher Art, daß keine Macht der Erde
Ihn tilgen kann; es wächst kein Kraut dafür.
Mein Leben ist verspielt, vorbei.
    (Stark:)   Doch dir
Kann noch geholfen werden.

    DER SEEMANN
(zuckt auf. Eine Veränderung geht in seinem Gesicht vor, er schleppt
sich, so rasch es seine gefesselten Hände erlauben, ihm entgegen.
    In maßloser Erregung:)
         Mensch! Was sagst
Du da? Es gibt noch Hilfe? Sag mir, sag!
Ich habe keine Hände, sie zu falten;
Das Hirn versagt mir, Dunkel ist in mir.
So sprich doch, sprich, um Gottes Gnade sprich!
Es gibt noch Hilfe... Hilfe.

    THOMAS
      Vielleicht ist
Ein andrer noch zu finden, der statt deiner
Hinüberginge nach Amerika?

    DER SEEMANN (ihn anstarrend)
Ein andrer... andrer, der statt meiner ginge...
    (Mutlos:)
Nein... ja, wer täte das!... Wer ist so toll...
Hinab in diese Hölle...

    THOMAS
     Nun, ich weiß ihn.

DER SEEMANN
Du weißt ihn? Wirklich! Wo? Wo ist er, wo?
Schafft mir ihn her! Du hast noch nie so viel
Für Gott getan.

THOMAS (nach einer Pause)
Hier steht er, neben dir.

DER SEEMANN (starrt ihn sinnlos an)
Das ... das versteh ich nicht ...
(Sich aufrichtend)
Du wolltest ... du?
(Wild:)
Willst du mich höhnen?
(Er sieht ihn an. Zitternd:)
Nein ... Dein Auge ist
Ganz fest und ohne Spott. Und doch, das gibt
Es nicht, daß einer so sein junges Leben
Wegwirft wie ein verschimmelt Brot, um ...
... Ja, wofür? ... Was forderst du? ... Was ist
Dein Preis ... ich will dir alles gern bezahlen ...
Soviel du heischst ... was immer du verlangst.
Ich zahl es dir.

THOMAS (reglos)
Nichts will ich, nichts von dir.

DER SEEMANN (unruhig)
Nichts forderst du dafür? Ein Preis ist hoch,
Den man verbirgt. Doch gält es meine Seele
Und ewigen Höllenbrand, ich gäb sie hin.
Doch nein! Das ist nicht möglich. Ist denn Blut
So feil, die Freiheit so gering, daß man
Sie wegwirft, weil ... so sag mir doch, warum,

Warum willst du es tun?
(Wild:)
Ich glaub es nicht.
(Thomas sieht ihn lange an. Dann wendet er sich um, geht zu der Türe, die in die Gemächer führt und klopft an. Der Seemann, am Boden mit gefesselten Armen kniend, folgt mit den Blicken seinen Bewegungen in furchtbarster Erregung.)

THOMAS (anklopfend)
Herr Offizier!

SIEBENTE SZENE

DER OFFIZIER
(kommt die Treppe herunter. Er ist marschfertig, den Säbel umgeschnallt, die Feldbinde quer über die Brust)
Schon Zeit? Ich hörte nicht
Das Horn zum Sammeln.

THOMAS
Nein, das nicht. Ich komm
Mit einer Bitte, Herr!

DER OFFIZIER
Wohlan?

THOMAS
Ich möchte
Die eine Gunst erbitten, daß der Mann,
Solang er hier weilt, ohne Fesseln bliebe.
Die Kette, die hier einen andern schnürt,
Sie drückt auch mich. Denn es ist Schmach fürs Haus,
Wenn es dem Büttel dient.

DER OFFIZIER
Ja, ich versteh..

Doch das geht schwer ... die Fluchtgefahr ist groß ...
Wer schafft Ersatz ...

    THOMAS
   Ich bürge Euch für ihn.

   DER OFFIZIER
Ihr seid ein wackrer Mann, und mir, der sonst
Nur Hefe kennt und Satz verlorner Menschen,
Tuts wahrlich wohl, so einem zu begegnen.
Schwer weigr' ichs Euch. Allein bedenkt den Einsatz,
Ich brauch den Mann.

    THOMAS
      Ich nehms auf meine Kappe
Und bürg für ihn mit allem, was ich habe,
Und mit mir selbst. Ist er bei dem Signal
Nicht auf dem Posten, tret ich selber ein
Und trag sein Kreuz.

   DER OFFIZIER
     Ihr spielt ein hohes Spiel.
Traut nicht auf Treue eines, der halb irr
Vor Unglück ist! Ihr müßt die Zeche zahlen.

   THOMAS (laut)
Ich bitt Euch drum.

   DER OFFIZIER (achselzuckend)
   Nun, wie Ihr wollt.
(Er geht auf den Seemann zu, der mit aufgerissenen Augen dem Gespräch gefolgt ist, und löst ihm die Handfesseln.)
Das dankt Ihr diesem da! Zahlt ihm den Dienst
Nicht bitter heim. Er haftet mir für Euch.

(Zu Thomas:)
Die letzte Nacht für lang auf deutscher Erde,
Habt Dank für sie! Wie morgens sich die Küste
Mit grauen Dünen losrang von der Nacht;
Und dann der Himmel, aufgefächert von
Den ersten Strahlen, sonnig Bild an Bild
Entrollte; da die Stadt mit Turm und Zinken
Und Glocken, die hell in den Morgen schlugen,
Und da ein Haus mit aufgewachten Augen,
Dort eine Scheune, gelb vor dunklem Wald,
— o, seinen Atem spürt ich an den Lippen! —
Wie rein war das, wie klar! Und morgen schon
Ists fahler Nebelstreif am Horizont,
Ein Nichts, ein Traum! Ja Heimat, deutsche Heimat,
Du zwingst das Herz! Was gäbe ich darum,
Ich wär wie Ihr, hätte in stillem Haus
Ein still Geschick!

THOMAS
          Herr, Herr! rührt nicht daran!
Das Unglück ist nicht stolz. Die niedre Schwelle
Schreckt es nicht ab. Es bückt sich, wills herein,
Und setzt sich auch zu Tisch bei trocknem Brot.

DER OFFIZIER
Noch einen Gang, noch einen letzten Blick,
Und dann aufs Schiff, gleich blasen sie Valet;
Dann geht es vorwärts!
    (Einmal an der Türe noch zurück)
          Fünfundfünfzig Mann
Hab ich zu liefern an das Regiment.
Ihr bürgt mit Leib und Leben! Und ich wollt,

Daß Euch von mir nichts Bittres widerfahre,
Ihr gabt mir eine gute Nacht. Lebt wohl!
(Er tritt grüßend zur Türe hinaus.)

ACHTE SZENE

Der Seemann hat sich während des ganzen Gesprächs nicht gerührt, war zitternd, seit ihm die Fesseln abgenommen waren, mit den Augen bald einem, bald dem andern gefolgt. Er will sprechen, aber das Wort versagt sich ihm.

THOMAS (wie selbstverständlich)
So! Jetzt geh! Jetzt bist du frei.

DER SEEMANN (wie im Traume)
Ich weiß.
Ich hör es ja... Aber ich fühls noch nicht...
Nein, nein... ich fass es nicht... da lag ich, da
In Fesseln eingeschnürt... und jetzt...
(Auf Thomas zu mit erhobenen Händen:)
Mensch, sag,
Wer bist du? Oft ward mir berichtet — Jungen
Erzähltens abends auf dem Schiff — daß oft,
Wenn schon der Tod die Hand auf einen hält,
Von Gott ein Bote kommt, ein heimlicher Gesandter,
Oder ein Höllensohn im irdischen Gewand,
Und macht ihn frei. Wer bist du, wer von ihnen,
Wer hat dich hergesandt in diese bittre Stunde,
Daß du mein Unglück wegnimmst wie ein Wind?
Da laß mich knien! Ich will nicht früher aufstehn,
Und müßt ich nochmals in die Qual zurück,
Eh ich nicht weiß, wer dich an mich gesendet.

THOMAS
Mich sandte keiner. Geh!

DER SEEMANN
                    Mensch, du gibst
Dein Leben her für nichts? Da sieh, sieh her,
Die bittern Striemen rot an meiner Hand,
Das willst du leiden?

THOMAS
             All das ist gering,
Denk ich an andres, das mir zugefallen;
Geh Freund, versuch nicht erst, da zu begreifen: —
Dir war zu helfen, und so mußt ichs tun,
Für dich und mich zugleich. — Jetzt ists getan.

DER SEEMANN (ihn umschlingend)
Laß mich dich fühlen. Ja, ich spür es jetzt,
Du bist kein Schatten, nicht gesandt vom Himmel
Und Hölle. Laß mich deine Hände küssen.
Solang die Erde kreist, hat nie noch einer
So viel für einen anderen getan.

THOMAS
Beeile dich.
DER SEEMANN
        Nein, bleib mit mir. Entflieh
Mit mir. Ich kann dich nicht verlassen.

THOMAS
Ich gab mein Wort.
         (Er zeigt auf die kleine Tür.)
              Dort, krieche auf das Dach
Und spring hinab. Grad rückwärts ist ein Schober,
Dann läufst du quer durchs Feld. Und tritt dir wer
Am Weg entgegen,
          (er greift auf den Tisch)

     da nimm die Pistole
Und schieß ihn nieder. Kümmer' dich nicht viel,
Ein Menschenleben zählt nur voll, wenn es
Zwei andre nährt. Denk an dein Weib, die Kinder,
Sollen die Hungers sterben?

   DER SEEMANN (verzweifelt)
       Still,
O still! Laß mich erst deine Hände küssen,
Sie haben mich befreit.

   THOMAS (aufs Fenster deutend)
       Siehst du den Posten dort?
Gleich ists zu spät.

   DER SEEMANN (schluchzend)
       Mensch, was wirst du denken?
Ich werde frei, und du bleibst diesem Schurken.
Ich schwimm ans Land, und dich, den Retter, reißt
Die Flut hinunter: Freund, mein Freund, ich schäm
Mich um den Preis, dem ich mein Leben danke.
Bist du so frei, so wurzellos, mit nichts
Verstrickt auf dieser Welt?
   (Drängend:)
       Hast du kein Weib?

   THOMAS (hart)
Ich habe keines mehr. Sie ist gestorben.

   DER SEEMANN
Und Kinder?
   THOMAS (zitternd)
     Nein — ich — habe — keine — Kinder.
Rasch fort mit dir. Denn sonst bereue ichs
Und ruf die Wache!

DER SEEMANN (schon nachgebend)
                    Noch eins! Den Namen noch!
Wie heißt du? Sag! Da steh ich, nehm von dir
Mein Leben neu und weiß den Namen nicht!

        THOMAS (tief)
Ich — habe keinen mehr. Ich warf ihn weg
Wie ein beschmutztes Kleid. Nichts bin ich, nur
Ein bunter Fleck in jener Reihe. Tot
Ist alles, was ich war. Bete für mich,
Wie man für Tote spricht, für Namenlose.
Fort, quäl mich nicht!

        DER SEEMANN
            Du...

        THOMAS
                Fort, sie kommen!
Denk deiner Frau und denk an deine Kinder,
Du liebst sie ja...

        DER SEEMANN (ihn umarmend)
                Gott schütze dich! Leb wohl.
(Er reißt sich los und schwankt zur Türe. Dort noch einmal zurück)
Noch eins! Nur dies! Nur dieses letzte noch:
Kommst du einmal aus jener Welt zurück,
Dann wisse: bei mir hast du Heim und Herd,
An unserm Tische bleibt ein Platz dir frei,
Und bliebst du dreißig Jahr. Die Kinder werden
Es lernen, jeden Tag für dich zu beten,
Und kommst du dann, so werf ich alles, was
Ich mir erwarb in deinen bittern Jahren,
So für dich hin, wie du für mich dein Leben,

Knecht werde ich und du, du bist der Herr,
Dein ist es, dein. Dort wächst dir neue Heimat,
Ein Haus dem Heimatlosen in der Ferne.

    THOMAS (ergriffen)
Heimat! ... Das Wort klingt süß ... Hab Dank dafür,
Und nun leb wohl ...

   DER SEEMANN (ihn nochmals umarmend)
    Leb wohl ... Verzeih ... Es reißt
Mich heim.. nicht ich.. nein, denk nicht schlecht von mir.
Leb wohl ...
    THOMAS
  Gott segne dich!

   DER SEEMANN
    Leb wohl! Leb wohl!
  (Er stürzt wild, ohne sich umzusehen, ab.)

NEUNTE SZENE
THOMAS
(sieht ihm einige Minuten nach. Dann strafft sich sein Körper auf,
er überfliegt die Stube mit dem Blick. Aufgerichtet)
Noch eine Stunde! Jetzt hab ich noch Namen,
Steh fest in meinem Erbe wie ein Baum,
Und dann, eh eine Wolke weiterzieht,
Ein ewig Fremder, ewig Namenloser,
Ein loser Balke, der auf Wassern treibt. —
Noch eine Stunde, eine enge Stunde nur,
Um all dies abzutun, was dreißig Jahre,
Heimat und Kindheit wie ein unablöslich
Geheimnisvolles Netz um mich gewebt.
Weg, weg damit! Ich brauche freie Arme,

Nackt muß ich tauchen in die neue Flut!
Fall ab von mir, vergilbtes Leben, laß
Mich los, Erinnerung, ich kapp dich ab,
Dein Anker hält nicht stand! Nimm du
Mich, Wind und Welle, mich, den Heimatlosen;
Welt, gib ein neu Gewand an den Beraubten,
Gib neues Schicksal für dies früh verspielte,
Gib mir Vergessen, jag sie weg, die dumpfen
Erinnerungen an verwirrte Träume!
Blind mach mich, blind! Lösch all das in mir aus,
Was hier mit guten Augen auf mich deutet,
Was rings gespenstisch unsichtbare Hände
Um meine Füße flicht, sie festzuhalten,
Was wortlos in beschwörend ernster Mahnung
Von diesen Wänden spricht! Zerreiß auch dies,
Was innen Hände dem entgegenstreckt,
Reiß es wie Dornen aus, mach all dies rinnend
Und unwirklich wie Traum, zum losen Bild,
Das fortstiebt mit dem Tag!
(Er sieht zitternd um sich, macht einen Schritt gegen die Wand zu.
Auf ein Bild schauend, nach einer langen Pause:)
                    Was siehst du so ...
So ernst auf mich, du stummer Zeuge du?
Ja, ich will Abschied nehmen, will den Blick
Für immer von dir wenden. Zürn mir nicht,
Du ernster Vater, den ich kaum gekannt,
Sieh nicht so herb: ich darf dir nicht gehorchen.
Ich muß hinweg, muß dies ererbte Haus
Verlassen, als säß Flamme auf den Spieren.
(Er geht langsam weiter, tastet die Gegenstände langsam an, nimmt
sie in die Hand, liebkost sie und stellt sie wieder hin.)
Du erstes Schiff, das ich geschnitzt! Und du

Versponnen Werk, das mich die Stunde erst
Belauschen lehrte — Kindheit, die du hier,
Vergängliche, in tausend Bildern rastest,
In allem wohnst, was meine Hand ergreift —
Laßt euch, ihr Dinge, die von meinem Leben
Ein jedes seinen Teil in sich verschließt,
Laßt euch anfassen, Dinge! O, ich darf
Nichts mit mir nehmen, darf euch so nur, wie
Man eines Freundes Hand beim Abschied faßt,
Berühren, nur berühren! Lockt mich nicht,
Nur ansehn darf ich, nichts, gar nichts behalten,
Arm muß, wieder nackt hinein ins Leben,
Nichts darf ich nehmen, nichts! Denn riß
Ich einen einzgen Span nur von der Türe,
Der Splitter würde zum Magnet, der mein
Schon eisern Herz heimrisse von der Ferne.
Laß mich, Erinnerung! Allein, allein
Und namenlos muß ich hinaus ins Fremde;
Haus, gib mich frei!
(Er verliert sich wieder in der Betrachtung.)
               Nur daran rühren, schauen:
Großmutters Stuhl, vor dem ich horchend kniete,
Der Schrank geheimnisvoll in brauner Brust,
Die Schätze bergend, die ich nie erriet . . .
Das Kreuz . . . und da die alte Blumenvase . . .
Einmal zerbrach ich eine . . . und der Vater . . .
— Fort, fort Erinnerungen! Gebt mich frei!
Nur daran rühren. Nichts von dem behalten,
Was ich geliebt. Ganz arm muß ich hinaus.
(Er schreitet weiter. Plötzlich macht er vor dem Myrtenkranz halt, der unter einem Glassturz aufgestellt ist. Losbrechend:)
Was willst du, Lüge, unter treuen Dingen?

Verfluchter Myrtenkranz, was drängst du dich
Vor meinem Blick? Jetzt trügst du mich nicht mehr!
Du bringst kein Glück. Zerschell in tausend Scherben!
(Er wirft den Sturz auf den Boden, daß er zerklirrt.)
Das Unglück kam zuerst ... So folg ihm nach ...

ZEHNTE SZENE

(Durch den Lärm aufgeschreckt, kommt Katharina herein. Wie sie Thomas sieht, schrickt sie zusammen. Dann rasch:)

KATHARINA
Was gibt es da? Was ist hier denn geschehen?

THOMAS
(ist bei ihrem Anblick wie versteint. Er bleibt unbeweglich, mit starr auf sie gerichteten Augen, dann schreitet er, wie ein Traumwandler, ganz langsam auf sie zu, faßt die Erschreckte bei beiden Armen, sieht ihr lange in das Gesicht).

THOMAS (murmelnd)
Nur daran rühren ... nichts von dem behalten,
Was ich geliebt ... Ganz arm muß ich hinaus ...
Ganz arm hinaus ...
(Er streift ihr wie im Traum über das Haar.)
... Nur einmal ... rühren daran.
... Nicht mehr ... nicht mehr ... anfassen einmal
noch ...
(Das Gefühl überwältigt ihn. Es ist, als ob er sie an sich drücken wollte. Schon will er sie fassen, da plötzlich erwachend)
Fort! Fort!

KATHARINA (erschreckt)
Bist du denn toll? Die ganze Nacht
Streifst du herum und faselst dann im Wein.

Wo ist der Offizier? Er hat die Zeche
Noch nicht bezahlt. So rühr dich doch,
Wach auf, du Trunkenbold!

    THOMAS (zwischen den Zähnen)
        Gut so! Gut so!
Du machst mirs leicht!

    KATHARINA
      Was denn? Was ist
Mit dir?
   (Die Scherben bemerkend, wild:)
  Wer hat das hier zerschlagen? Du?

    THOMAS (düster)
Ich war es nicht.
    (Atem holend)
   Nein, es zerbrach!

    KATHARINA (beunruhigt, wärmer)
         Thomas!
Was ist mit dir?

    THOMAS (voll Angst, wie sie näher kommt)
     Fort! Komm mir nicht nah!

 STIMME DES WERBERS VON AUSSEN
    (mit dem Kolben an die Tür polternd)
Heda! Holla! macht Euch bereit!

    THOMAS (auffahrend, laut)
       Sogleich!

    KATHARINA
Was ists?
  (Sie will zur Tür, Thomas tritt ihr in den Weg.)

THOMAS (vor Schmerz und Zorn ganz verzerrt)
             Ein Spaß! Dein guter Freund, er will,
Ich sollte mit ihm gehen dort drüben hin,
Wo Gold wie Brombeern wächst und man die Weiber
Wie Mützen tauscht. Komm schon, Herzbruder, ja,
Ich geh ja gern, wird wohl ein guter Spaß,
Fast wie der andre da. So lach doch, lach!
Was lachst du nicht? Schau mich doch an, so schau
Doch, wie ich lache ...
   (Seine Stimme wird grell zwischen Lachen und Schluchzen.)

KATHARINA (starrt ihn an)
             Thomas, bist du klug?

THOMAS
Ha, klug? Sehr klug! Jetzt bin ich klug! Einmal
         (die Stimme stockt ihm)
Einmal vielleicht, da war ...
         (Plötzlich wild auf sie los)
             Fort mit dir, fort!

KATHARINA (aufschreiend)
Ohm! Mir zu Hilfe! Er ist toll! Betrunken!

THOMAS
geht mit geballten Fäusten auf sie zu, die in die Tür flüchtet, aus
der Gotthold heraustritt, der erstaunt auf die beiden sieht. Dann
winkt er Katharina wegzutreten, die scheu den Raum verläßt. Sie
         stehn einander gegenüber.

ELFTE SZENE
GOTTHOLD
Was ist geschehn?

THOMAS (ihm abgewendet die Hand hinreichend, leise)
Leb wohl!
GOTTHOLD (erschreckt)
Thomas!
THOMAS (drängender)
Leb wohl!
(Von draußen tönt plötzlich dumpfer Trommelwirbel herein, Thomas schrickt zusammen, er rafft sich auf und will zur Türe.)
GOTTHOLD
Was ists?
(Mit einer plötzlichen Ahnung)
Wo ist der Bursche hin? Mir war, als glitt
Ein Schatten übern Zaun. Wo ist er hin?
THOMAS
In Sicherheit.
GOTTHOLD
Entlaufen ... wie ...
(Es hämmert an die Türe.)
Doch sie, was werden ...
(Aufschreiend:)
Thomas, du hast gebürgt
Für ihn ...
THOMAS (abgewandt)
Leb wohl!
GOTTHOLD (in höchstem Schrecken)
Thomas! Du willst für ihn ...
THOMAS (unterbrechend)
Er hatte Weib und Kinder. Ich — ich bin allein.

GOTTHOLD
Allein! Und ich, dein Haus, dein Weib!

THOMAS
Das alles steht und lebt und braucht mich nicht.
Er hatte Kinder, zwei, hatte ein Weib ...
(Wild:)
Ich bin allein, unnütz ...

GOTTHOLD
Willst sie verlassen,
Jetzt da euch Gott ein Kind ...

THOMAS (auffahrend, wie von einer Kugel getroffen)
Ein Kind!
(Ihn anfassend)
Ein Kind hast du gesagt!

GOTTHOLD
Weißt dus noch nicht?

THOMAS (bleich)
Ohm, spiel jetzt nicht! Wer hat dir das gesagt?

GOTTHOLD
Sie selbst!

THOMAS (wild)
Es ist nicht wahr! Du lügst! Es darf
Nicht wahr sein ...
(Plötzlich erschreckend)
Nein, du kannst nicht lügen, Ohm!
(Ausbrechend:)
Ein Kind! Mein Kind! Und ich soll ferne sein?
... Der Bursche, wo ist er? ... ich nehms zurück ...
Nein, er ist fort ... Ein Kind, o Gott, mein Kind ...

Ohm, hilf mir, Ohm! ... Vielleicht ist es noch Zeit ...
Vielleicht am Zaun ...

GOTTHOLD
Dort stehen jetzt zwei Posten.

THOMAS (verzweifelt)
Dann hier! Ich schlag mich durch! Mein Leben
Verkauf ich jetzt! Da die Pistolen her!

DER WERBER
(reißt in diesem Augenblick die Tür auf. Man sieht undeutlich hinter
ihm die Rekruten sich zum Marsch ordnen, hört ihre Stimmen)
Heda! Vorwärts! Wo ist der Kerl! s'ist Zeit!

THOMAS (erschreckt)
Ich ruf ihn schon!
(Er versucht an ihn heranzukommen, schmeichlerisch:)
Hört, noch ein Wort.

DER WERBER (wild)
Nichts da,
Den Burschen her! Jetzt keine Federlesen:
Er oder Ihr.

THOMAS (niedergebrochen)
Gleich, gleich; ich ruf ihn schon ...

DER WERBER
tritt wieder hinaus, die Tür bleibt offen, man hört die Trommeln
wirbeln und Stimmen durcheinander von ferne.

THOMAS (gefaßt)
Zu spät! Ich hab verspielt. O letzte Stunde,
Du bitterste, die ich erlebt. Ein Kind!
(Anklagend:)

Ohm, Ohm! Was hast du mir getan! Warum
Mir dies noch sagen, das mich nun zermalmt,
Dies Glück, das brennt, dies Unheil, das beglückt.
Schon war ich frei, mein ganzes Leben wog
Nicht mehr als Flaum in meiner freien Hand.
Nun schleift die Kette nach. O hättest dus
Begraben, nie gesagt! Nun muß ich gehn
Und weiß, hier wächst mein eigen Leben weiter.

          GOTTHOLD
Gott wollt es so. Vielleicht bringts dich zurück.
Denk, denk daran!
          THOMAS
          Wie könnt ich es vergessen!
       (Feierlich gefaßt:)
Ohm hüt das Haus und hüte alles drin,
Was Blut von unserm Blute ist. Ich leg
Das Liebste, was ich hab, in deine Hände,
Ich weiß, sie hüten treu.

          GOTTHOLD will sprechen.

          THOMAS (in tiefstem Schmerz)
          Nein, keine Worte,
Nichts mehr! Nichts mehr! Ich kann es nicht
Mehr hören, was die Menschen reden. Still!
In mir stirbt etwas ab, ich muß es selbst
Erdrosseln, sonst zersprengts mein Herz.
       (Er bietet ihm die Hand.)
                             Leb wohl!
          GOTTHOLD faßt sie ergriffen.

          THOMAS (in wildester innerer Angst)
Nein, keine Worte mehr! . . .

GOTTHOLD
will zu ihm treten, Thomas winkt ihm ab und tritt in eine Ecke.
Die Trommeln tönen näher. Gotthold schauert zusammen, tritt noch
einmal heran, besinnt sich und tastet sich langsam aus dem Raum.

ZWÖLFTE SZENE

THOMAS
(allein, aufgerichtet, inbrünstig, wie im Gebet beschwörend)
Allein mit dir,
Haus, will ich sein in meiner letzten Stunde,
Kein Menschenwort soll zwischen dir und mir
Und unserm Abschied sein! An dich allein
Press ich mich an, du bist mein eigen Herz,
Und der da geht, ist Rauch von deiner Flamme.
Schirm du, was weiter meinen Namen trägt;
Dem Namenlosen in der Ferne, der
Dich heute läßt, bleib treuer als er dir!
Wie gern hätt ich geweilt, an deinem Herd
Ein kurzes Scheit von Glück mir angeflammt
Und Kraft gesaugt aus deiner alten Stärke.
O wär ich du! Warum denn Fibern haben,
In die der Schmerz sich frißt, wozu ein Herz,
Das sich an andre hängt und Unrast brütet?
Wärs nicht genug zu sein wie du, die Sterne
In ihrem stillen Tanz des Nachts zu schauen,
Des Regens lauen Guß zu spüren, Wind
Und Sonnenschein, hinab ins Blut der Erde
Zu reichen mit den letzten Lebensenden,
Einsam zu stehen unter Gottes Augen,
Angstlos zu spüren, wie die Zeit mit stillem,
Unhörbar leisen Flug uns still umstreicht. —
O dies erlernen, selber Stein zu werden,

Treu sein und doch kein Tor, den Stürmen trotzen
Und nicht zu klagen, wenn sie dich zerbrechen —
Das schenk mir, Haus, als Gabe auf den Weg!
(Ein Hornruf hinter der Szene. Leiser ferner Trommelwirbel.)

    THOMAS (auffahrend, mit klingender Stimme)
Ja, ich bin wach! Weg mit euch, alte Schatten!
Ich hab kein Haus, hab nicht mehr Weib und Erben.
(Er macht eine Bewegung, als risse er ein unsichtbares Gewand ab.)
Weg, Name, rotes Brandmal alter Wunden,
Ich kenn dich nicht und kenn mich selbst nicht mehr!
Komm, neues Schicksal, selig Unbekanntes,
Nimm du in deinen Arm den Namenlosen,
Reiß mich dahin in deine wilde Welle!
Ich frage nicht wohin. Hinab! Hinab!
(Er stürzt durch die Tür hinaus.)

ZWEITER TEIL: DIE HEIMKEHR

PERSONEN DES ZWEITEN TEILES

GOTTHOLD, der Lotse
KATHARINA, die Wirtin
PETER, ihr zweiter Mann
CHRISTINE, ihre Tochter
DER FREMDE

Die Handlung spielt zwanzig Jahre später am gleichen Orte.

Die gleiche Stube wie im ersten Teil, nur etwas unordentlicher und mehr vernachlässigt: eine Scheibe zerbrochen, die Krüge verstaubt und ohne Glanz. Einige grelle Bilder mehr darin, dafür fehlen einige der alten Wahrzeichen.

ERSTE SZENE

KATHARINA

rückwärts an ihrem Platz. Sie ist über 40 Jahre, schon etwas plump, stark geschminkt, grell und doch nicht sorgfältig in ihrer Kleidung. Ihre Stimme ist rauh, meist überlaut und etwas gereizt. Man erkennt noch ihre frühere Schönheit, nur ist sie jetzt gemeiner und künstlicher geworden. Das Dirnenhafte ihrer Erscheinung ist auch irgendwie in ihrer Tochter, die vorn am Gasttisch mit aufgestützten Armen lungert. Sie ist ungefähr 19 Jahr alt, von einer frechen Schönheit, hat wundervolles rotes Haar, das aus einem blauen Kopftuch zurückfällt, und flinke, katzenhaft geschmeidige Bewegungen. Zwischen den beiden ein leeres, kaltes Schweigen. Die Wirtin putzt gleichmütig an den Gläsern herum.

Von der Treppe zum Obergeschoß kommt polternd und mit dem Stock auftappend Gotthold Krüger, der alte Ohm, herab. Er geht vorgebeugt, das eine Bein nachziehend, mit jenem ungewissen Schritt der Halbblinden. Er ist schon sehr alt, sein Gesicht zu Leder verwittert wie das alter Seeleute, seine Kleidung verwahrlost. Er hat eine leise, aber heftige Stimme, die bei starker Erregung ins Zittern gerät und immer umbricht. Er sieht sich mühsam um.

GOTTHOLD
Ist Peter noch nicht da?

KATHARINA
Er schläft.

GOTTHOLD
Noch immer?
Kam wohl erst früh nach Haus?

KATHARINA (unwillig)
                    Ich weiß es nicht,
Nichts weiß ich mehr von ihm. Er geht an mir
Vorbei, ist fort und wieder da, verlangt
Oft Geld, dankt nie dafür, und wenn ich ihn
Nur leise frage, schlägt er grob die Tür
Hin zwischen mich und seine Antwort.
                    GOTTHOLD
                            Das
Wird mir zu arg. Ich will dann mit ihm reden.
Ich duld es nicht.
                    KATHARINA
                Und glaubst, er wird dich hören?
                    GOTTHOLD
Ich bin der Älteste im Haus.
                    KATHARINA (achselzuckend)
                            Und er
Der Herr, und das ist mehr. Ich hab mich ganz
Seit jenem Tag gefügt, du weißt es ja,
Als er in meinem Mund die erste Klage
Zu Blut zerschlug.
                    GOTTHOLD (zornig)
                    Der Lump, der hergelaufne,
Der Bettler der!
                    CHRISTINE (halb sich umwendend, drohend)
                    Habt ihr bald ausgeschimpft?
Er ist, so wie er ist, und daran habt
Ihr nichts zu mäkeln. Der zu allermindest,
Der nur von seiner Gnade lebt im Haus.

GOTTHOLD (im Zorn zu ihr hintappend)
Ich leb von seiner Gnade? Das sagt eine,
Die unter meinen Armen wuchs und hier
Von diesen Lippen zwischen Scherz und Kuß
Die Rede lernte? Und das wächst dann auf,
Ist einmal groß, hat freche Frauenaugen
Und sagt mir dann, ich leb von fremder Gnade.
(Zu Katharina:)
Hörst du, sie sagt, ich leb von fremder Gnade,
Schlägst du sie nicht?
KATHARINA (resigniert)
Ach Ohm, was kann ich tun?
GOTTHOLD
Denkst dirs wohl auch geheim, ich bin zuviel.
Bald hörst dus selbst! Wart, bis du älter wirst
Und hilflos so wie ich!
KATHARINA
Ich bins ja schon!
GOTTHOLD
Von Gnade leb ich. Bitter ist das Wort!
Wart nicht, bis es dir selbst im Munde brennt,
Es würgt die Kehle zu.
CHRISTINE (faul)
Ach immer Streit,
Zank und Krakeel. Mir ekelt es das Leben.
Ich wollte, Peter käm herab.
KATHARINA (höhnisch)
So ruf
Ihn doch! Dich hört er ja!

CHRISTINE (drohend)
             Willst du damit
Was Böses meinen?
             KATHARINA
             Ich meine, was ich will.

             CHRISTINE
Und ich tu, was ich will. Ich kehr mich nicht
An all euer Gered. Ihr fürchtet ihn
Ja beide doch, und gern hab ihn nur ich,
Weil er das Lachen kennt, den Übermut,
Und nicht nur Schatten ist vergällter Jahre.
Gern hab ich ihn. Und er, wohl weil ers weiß,
Hat mich drum lieber als euch andre alle,
Die ihn nur immer plagt.
             GOTTHOLD
                    Ich wollte, einer,
Der hörte dich! Der hatte starke Hände
Und war ein Mann.
             CHRISTINE
                    Und ist nun längst begraben.
Laß die Popanz! Ich hab ihn nie gekannt,
Ich kenn nur mich und weiß zu unterscheiden,
Wen ich zu fürchten, wen zu lieben habe.

ZWEITE SZENE

Peter tritt aus der kleinen Tür. Er ist ein sehr hübscher, junger Mensch, schlank und geschmeidig, spricht mit einer einschmeichelnden, übermütigen Stimme. An der Tür reckt er sich noch einmal faul vom Schlafe.

PETER
Gut Morgen!

KATHARINA
Mittag ist vorbei.

PETER
Ich spürs.
Gibts was zu essen?

KATHARINA
Nicht grad eben viel,
Nur Brot und Käse.

PETER
Wie? Sonst nichts? Bin ich
Auf Stockhauskost im eignen Haus?

KATHARINA
Es ist
Drei Uhr vorbei. Wir haben lang gewartet,
Nun ist das Feuer aus.

PETER
So zünd ein frisches!
Richt mir mein Essen!

CHRISTINE (vertraulich an ihn heran)
Kamst wohl spät nach Haus?
Heut, als ich aufstand, waren noch die Spuren
Im Sand so frisch, als wäre eben einer
Gleichzeitig mit den ersten Sonnenstrahlen
Ins Haus gehuscht. Sie kamen von der Stadt.
Wars lustig dort?

PETER
          Wer fragt, kommt schon zu spät.
Wärst du mit mir gewesen, wüßtest dus!
Es war der Burschen letzte Nacht am Land,
Die heute fortgehn nach Amerika.
Ich hab sie gern, die stämmigen Matrosen,
In dieser Nacht. Da wissen sie, nun haben
Sie viele Wochen unter ihren Stiefeln
Nichts, drauf man tanzen kann, nur schwanke Bretter
Mit schwarzem Teer beschmiert, der wilde Wind
Spielt ihnen auf, und böse Wellen wirbeln
Sie nicht so sanft, wie jetzt die fremden Dirnen.
Da wandten sie den Beutel um, das Letzte,
Was ihnen blieb, flog weg und wurde Wein,
Und der bald Übermut und wüste Laune.
Ja, todtoll war es. Was kamst du nicht mit?
Hättest es kaum bereut.

          CHRISTINE
                    Die Mutter hatt
Es mir verboten.

          PETER
                    Was hat die zu sagen!
Ich habs erlaubt!

          CHRISTINE
                    Hätt mich auch nicht gehindert,
Doch abends, wie ich leise aus dem Zimmer
Hinunter wollte, war von außen streng
Der Riegel vor. Ich rüttelte wie toll.
Was halfs! Das Holz war eisenfest. Und so
Blieb ich zu Haus.

PETER (drohend auf Katharina zu)
                     Willst ihr wohl noch verbieten,
Daß sie mit mir zum Tanz hinuntergeht?
Jung ist sie, hat ein gutes Recht, manchmal
Das heiße Blut sich höher in die Wangen
Hinauf zu wirbeln und es stolz zu spüren,
Wie wild der Burschen Blicke an ihr brennen.
Hörst du! Tu das nicht noch einmal, sonst schlag
Ich diese Tür von außen zu. Verstanden?

CHRISTINE
Und nimmst mich mit!

PETER (lachend)
             Das glaub ich! Einen Kuß
Nehm ich schon jetzt!
(Er will sie umfassen. Sie weicht zum Scherz aus. Er ihr nach um den Tisch und küßt sie herzhaft, die übermütig lacht. Der Ohm steht finster in der Ecke und will etwas sagen. Katharina sieht weg mit verbissenen Lippen.)

DRITTE SZENE

Während der letzten Vorgänge ist der Fremde eingetreten. Er ist von mannhafter Statur, trägt das Gesicht ausrasiert, die stark angegrauten Haare kurz geschnitten. Seine Kleidung ist etwas exotisch, halb seemännisch, halb soldatisch. Er bleibt längere Zeit in der Türe unbemerkt stehen und sieht schweigend um sich. Wie jetzt alles ruhiger wird, tritt er laut vor.

DER FREMDE
Grüß Gott!
(Alle wenden sich um.)

KATHARINA
Grüß Gott!

GOTTHOLD
Willkommen!

DER FREMDE
nimmt Platz an dem Tische, auf den die Wirtin deutet.

KATHARINA
Was bring ich Euch?

DER FREMDE
Wein oder Bier, mir ists
Ganz einerlei.

KATHARINA
Christin!

CHRISTINE (unwillig sich umdrehend)
Was ist schon wieder?

KATHARINA
Hol Wein herauf, den dunklen!

CHRISTINE (mürrisch)
Ich geh dann später!

KATHARINA
Nein, jetzt, du siehst, ich muß ...

PETER (drohend)
Was mußt du, was!?
Wer hat hier was zu müssen? Siehst du nicht,
Sie spricht mit mir, und wenn wir beide reden,
Ist nichts zu müssen, nichts, für niemanden.

KATHARINA (ängstlich)
Ich wollte ...
PETER
Nichts zu wollen, sag ich, nichts.
Sie bleibt jetzt hier.
KATHARINA (klagend)
So muß ich selber gehn?

PETER
Wird wohl das beste sein für dich
(halblaut, lachend zu Christine:)
und uns!
KATHARINA
geht unwillig hinunter, Peter und Christine haben sich, leise redend
zusammengesetzt. Eine Pause. Dann fängt Gotthold mit klagender
Stimme in der Richtung zu ihnen an:

GOTTHOLD
Schämt ihr euch nicht? Mein Auge ist fast blind,
Doch kann ich Tränen aus der Stimme spüren!
Was quält ihr sie so roh? Bist du denn nicht
Durch Manneseid und du durch Kindespflicht
Mit ihr vereint? Ist Gottes Wort denn ganz
In euch erstorben, habt ihr kein Gefühl
Der Ehrfurcht mehr vor euren nächsten Pflichten?

PETER (aufstehend, übermütig)
Fängt der noch an! Das Predigergeplärr
Macht mich ganz krank. Komm lieber mit, Christin,
Ich geh zum Hafen hin, die Kerle mir
Noch einmal anzusehn, die gestern tollten
Und heute traurig wie begoßne Katzen

Hinschleichen auf ihr Schiff. Und dann zu denken,
Wir bleiben da, und wenn wir wieder wollen,
Ist heute Tanz wie gestern, morgen wieder,
Und so ein Leben lang, bis uns der Wirbel
Zu Boden wirft. Komm mit, Christin, wir zwei
Sind noch zu jung, um ewig ernst zu sein.
Laß das den andern!
    (Zu Gotthold:)
  So, und sag der Frau ...

   KATHARINA
  kommt eben mit einem Steinkrug Wein.

    PETER
Da ist sie ja ... Ich geh hinab zum Hafen
Für eine Stunde wohl. Vielleicht wirds länger,
Ich weiß noch nicht.

   KATHARINA
  Und die Christin?

    PETER
       Geht mit
Und fragt nicht lang um den Permeß.
   (Beide rasch und übermütig ab.)

VIERTE SZENE

Ein unangenehmes Schweigen. Gotthold tappt langsam hin zum
Tisch des Fremden, läßt sich schwer auf die Bank nieder. Mit ge-
    ballten Fäusten:

   GOTTHOLD
       Bande!

DER FREMDE (leichthin)
Verliebte Leut! Gibts überall! So weit
Ihr fahrt zu Land und See.

GOTTHOLD (böse)
　　　　　　　Ich war schon grau,
Als Ihr noch wart, wie der, ein junger Bursch,
Und habe viel gesehen, ungefüge,
Trotzige Menschen, saß am Tisch mit solchen,
Die von dem Herren nicht viel besser dachten,
Als von sich selbst. Auch ich war in den Jahren,
Da mir ein Dirnenlachen lieber war
Als Haus und Hof. Doch diese beiden da...

DER FREMDE
Die Jahre machen streng. Sie lieben sich,
Und da vergißt man viel.

GOTTHOLD
　　　　　Allein Gott hat
Gesetze nicht zum Spott gemacht.

DER FREMDE
　　　　　　　　Und doch
Die Frau nur für den Mann.

GOTTHOLD (hart)
　　　　　　　So denk ich auch.
Doch dieser ist der Wirtin Mann.

DER FREMDE (überrascht)
　　　　　　　　Der Bursch?
Der junge Bursch, den Flaum frisch um den Mund?

Wars nicht ein junger Bursch? Kaum dreißig Jahre,
Eher ihr Sohn?

GOTTHOLD
Er ist ihr zweiter Mann
Und nicht der beßre. Denn ihr erster war
Mein Bruderssohn und war genau wie er,
Aufrecht und treu. Nun ist er lang begraben.
(Pause. Der Fremde erwidert nichts. Der Ohm beugt sich vor und fängt an wie für sich zu erzählen:)
Das sind jetzt bald die zwanzig Jahre her,
Daß er — es war ein Jahr kaum seiner Ehe —
Hinab zum Hafen ging, wo man damals
Die deutschen Regimenter auf die Schiffe
Hintrieb, die Hessen und Braunschweiger, die
Ihr Fürst verkaufte nach Amerika.
Und meines Bruders Sohn, ein freier Mann,
Ging damals hin, die Armen zu mitleiden,
Vielleicht ein Stückchen Brot, ein Endchen Geld
Dem einen zuzustecken für die Reise —
Und kam nie mehr zurück. Sie haben ihn
Da tückisch angepackt und mit Gewalt
Aufs Schiff gebracht, auf so ein enges Schiff,
Wo sie die Menschen wie die Schweine pferchten
Und sie die Schrecken einer heißen Hölle
Früh kennen ließen. Furchtbar soll das sein!

DER FREMDE
(jäh aufstehend. Er ist sehr ergriffen)
Ja, furchtbar, furchtbar ists! Ich habe selbst
Einmal in solchem Abgrund stumm gelegen,
In einem Raum, der schwarz war wie ein Sarg
Und nicht viel breiter. Sechs waren darin,

So eng gepackt, so höllisch angeschmiedet,
Daß jeder seines Nachbarn lautes Herz
Einhämmern fühlte in die eigne Brust,
Daß er die Arme stöhnend nicht einmal
Ausbreiten konnte, wenn der Schmerz ihn stieß.
Sechs waren wir, sechs junge, starke Burschen,
Und doch dem Tode näher als die Väter,
Die heimwärts uns beweinten. Einer war
Ein Dichter, Seume hieß er, und mein Freund
In diesen Nächten, und ein andrer noch,
Der lag hart an mir, und einmal des Nachts
War es vorbei mit ihm, sein Herz war tot.
Und ich lag dann die lange laute Nacht,
Indes die Wogen an den Wänden grollten,
Mit diesem Toten Brust an Brust und konnte
Mich nicht befreien, nicht die kalte Hand
Wegstreifen von der meinen, so sehr waren
Wir angeschmiedet in dem finstern Sarg.
Ich wärmte ihm die schon erstarrte Wange
Mit meinem Atem, fühlte, daß mein Blut
An seine Glieder schlug, wie lebend Wasser
Aufrauscht an einem toten Fels.

(Schwer atmend:)
                    Damals
Schien mir der Tod ein Spiel und eine Lust;
Und was dann kam, die Nächte in der Steppe,
Der Indianer nah und ferner Schrei,
Der Schlachten Graun, wo neben mir Blutbrüder
Plötzlich aufschrien, um dann stets zu schweigen,
Durst im verbrannten Land — oh, all dies war
Ein Schatten nur nach der Erinnerung
An diese Fahrt.

GOTTHOLD
(aufhinkend, erregt mit gefalteten Händen auf ihn zu)
So wart Ihr drüben? Habt
Ihr ihn vielleicht gekannt? Um Gottes Gnade
Sagt es mir, Krüger hieß er, Thomas Krüger,
Mein Bruderssohn, sagt mir, habt Ihr vielleicht
Ihn dort gekannt? Er fiel in einer Schlacht,
So sagten alle sie, die wiederkamen.
Heut wäre er ein Mann, und doch ich seh
Ihn immer noch wie an dem letzten Tag,
Und seine Stimme klingt mir noch im Ohr,
Ich möchte sie aus Tausenden erkennen.

DER FREMDE (plötzlich ganz tief, verändert)
Möchtet Ihr?
GOTTHOLD
Ich hab ihn so geliebt,
Als seis mein Kind. Von allen hier im Haus
Bin ich der einzige, der sein gedenkt.
Die junge Frau nahms nicht so schwer, die hatte
Erst einen und bald zwei. Das Wirtshaus, das
Sie aufgemacht in unserm stillen Haus,
Bracht junge Gäste und die Gäste Geld.
Sie lachte viel, und unter Lachen stirbt
Leicht die Erinnerung. Dann kam der Bursch,
Kam immer öfter und blieb schließlich hier
Als Herr im Haus. Ich seh schon nicht mehr viel,
Doch merk ich dies ganz gut, ich sitz am Tisch
Nicht mehr zu oberst wie seit fünfzig Jahren,
Und viel ward anders noch.
(Erbittert:)
Allein sie selber

Wird bald erfahren, was das sagen will,
Hier alt zu sein, an jedem Platz zuviel.
Ihr Mann ist halb so jung. Ihm zählt das Blut
Die Stunden doppelt rasch, und einmal wird
Da mehr kein Gleichklang sein ...

KATHARINA
(die an seinen zornigen und erregten Bewegungen vermutet, daß er von ihr spricht, ist von ihrem Platz aufgestanden und schiebt Gotthold sanft, aber eindringlich beiseite. Zum Fremden:)
Verzeiht, er stört
Euch wohl mit allerlei Geschwätz. Das ist
So alter Leute Art; er weiß nicht mehr,
Wo er erwünscht ist, wo zur Last. Kommt Ohm!

GOTTHOLD (willenlos)
Ja, ja, ich geh. Verzeiht, wenn ich gestört.
Es war nur so ... ich hab ihn gern gehabt,
Als wie mein eigen Kind ... von ihm zu sprechen,
Macht mich ganz wirr ... verzeiht, mein Herr, verzeiht.
(Er geht zur Tür, man hört ihn die Treppe zum oberen Geschoß langsam hinaufhumpeln.)

FÜNFTE SZENE
Katharina setzt sich schweigend wieder an ihren Platz und beschäftigt sich, ohne aufzuschauen, mit ihrer Arbeit. Der Fremde ist aufgestanden und geht mit ruhigem Schritt im Zimmer herum, oft stehenbleibend, alles betrachtend. Endlich bleibt sein Blick an einem kleinen geschnitzten Holzschiff haften, das auf dem großen Schrank als Zierat steht.

DER FREMDE
Ein artig Spielzeug. Ließet Ihr michs wohl
Von nah besehn?

KATHARINA
              Nehmt nur. Seit zwanzig Jahren
Hab ich nicht dran gerührt. Ein unnütz Ding,
Mehr Kinderspiel als Schmuck.

DER FREMDE
                    In Kindertagen
Hab ich mir einst ein solches Boot geschnitzt.
Nachts ging ein böser Sturm, dann spie das Meer
Aufgrölend seine Beute, blanke Splitter ·
Von einem Schiff, ans Land, und während alle
Das blasse Antlitz zu den Wellen wandten,
Ob schon die Leichen auf dem Bug der Wogen
Geritten kämen, während Frauen weinten,
Knieten wir Kinder lachend an der Brandung
Und stahlen Hölzer und die glatten Spangen
Dem Spiel des Wassers weg für unsre Spiele.
Und täglich ging ich, wo die großen Schiffe
Wie Schwäne standen, trank ihr Bild in mich
Und schnitzt ein solches, Kerbe dann um Kerbe;
Und als das Boot zum ersten Male dann
Hinaus ins graue und verstürmte Meer
Flink wie ein Vogel hüpfte, fühlte ich
Zum ersten Male Lust und Lebensfreude
Weit in die Welt hinaus.

KATHARINA
              Ihr seid ein Seemann?

DER FREMDE
Auch Seemann war ich.

KATHARINA
              Und was seid Ihr nun?

DER FREMDE
Das wüßt ich kaum zu sagen. Einer, der
Auf vielen Wegen war und nie dem seinen,
Der sich so fern war in den langen Jahren,
Daß er, wie einer, der im dunklen Schacht
Des Kerkers lag und dann zum erstenmal
In einen Spiegel blickt, sich kaum mehr kennt.

KATHARINA
schweigt. Der Fremde geht in einer wachsenden innerlichen Erregung mit immer rascheren Schritten auf und nieder. Plötzlich bleibt er wieder vor dem Schranke stehen.

DER FREMDE
Ein schöner Schrank! Das ist erlesne Arbeit.
Dergleichen hats nicht allzuviel im Land.

KATHARINA
Glaub selbst. Stammt aus Urväterzeiten her,
Von meinem toten Mann ererbt vom Vater,
Und der von Ahnen wieder, länger als
Man rückschaun kann.

DER FREMDE
    Würdet Ihr wohl verstatten,
Die Flügel hier zu öffnen?

KATHARINA
    Ihr seid Kenner?

DER FREMDE (mit seltsamer Betonung)
Wer wagte das zu sagen? Viele kennen
Nach Jahren nicht mehr das, was ihnen nah
War wie die eigne Hand. Wer wollte da

Der fremden Dinge Sinn und Kraft aufspüren!
Doch weiß ich wohl Bescheid mit solchem Gut
Von Jugend auf.
(Er sieht sie fest und durchdringend an. Seine Stimme wird immer heller und unruhiger.)
      So möcht ich beinah wetten,
Faßte man hier den eisernen Beschlag,
Der nur zur Zierde scheint, und schöb ihn — so! —
So rechts — zurück, es glänzte da ein Schloß,
Das noch ein Fach versiegelt. Keiner kennts
Als nur der eine, dem man es gezeigt.
(Katharina, die ihm neugierig folgte, ist zurückgetaumelt und hält wie zur Abwehr die Hände vor.)
Was starrst du so? Vielleicht gibts viele Schränke
Mit solchem Kniff? Doch was hilft alles Wissen:
Hier ist ein Schloß, und das vermauert streng
Das heilige Dunkel dieser alten Lade,
Bis einer einmal kommt, der hat den Schlüssel,
Hat ihn vielleicht durch zwanzig bittre Jahre
An seiner Brust versteckt, hat ihn gefühlt,
Wenn ihn der Schlaf nicht fand und er die Brust
Sehnsüchtig preßte an die fremde Erde.
Bis ihn dann plötzlich etwas so ergriff
Und rückriß über Meer und Land, um sich
Heim in sein Haus zu finden, wie der Schlüssel
Hier eindrängt in das längst entwöhnte Bett.
(Er hat den Schlüssel von der Schnur gerissen, die er um den Hals unter dem Wams trug. Das Schloß kreischt grell auf. Zum Schloß hin:)
Stöhnst du? Schreckst jäh von stumpfer Ruhe auf!
Er zwingt dich doch, denn er kennt seinen Weg.
(Katharina ist von ihrer Angst wie an die Wand geworfen. Sie starrt mit aufgerissenen Augen hin. In wildestem Schreck:)

KATHARINA

Thomas!

DER FREMDE

(hat eine schwere alte Bibel aus dem geöffneten Fache genommen, schlägt den Deckel auf. Gierig überfliegt sein Blick die Seiten. Seine Brust bebt, spannt sich, sein Auge scheint heller, sein ganzes Wesen jugendlicher zu werden. Stark mit tönender Gewalt, den Namen skandierend:)

Ja, Thomas Georg Christoph Krüger,
Hier stehts von meines Vaters eigner Hand
Im Zittern noch von seiner ersten Freude. —
Wie hab ich mich gesehnt nach dieser Stunde,
Vorausgeglänzt im Schein von tausend Träumen,
Zu schaun den Namen hier im Heilgen Buch,
Wo wie in ungeheures Land zurück
Die Wege laufen, die ich kam, der Vater
Und Vaters Vater, Urahne und Ahn,
Der unbekannte Strom, von dem als Tropfen
Ich abgesprüht in diese Welt. Wie hab
Ich mich gesehnt, dies einmal, einmal noch
Zu lesen, dann zu hören, dann zu fühlen
Dies Meine: Thomas Georg Christoph Krüger!
Ich trink das Wort in mich hinein und fühl
Es warm bis zu dem Herzen quellen. Wie
Ist doch in einem Namen Kraft! Das weht
Rasch durch die Luft, schlägt eine kurze Welle
Und ist dann tot. Und doch, das Wort da trieb
Mich vorwärts durch die halbe Welt, zerriß
Entfernung so, daß ich auf einmal hier,
Zehntausend Meilen weg von meinem Werke,
Erschauernd stehe und mich anders fühle:
Erbe und Sohn! Mich an der Pfoste halte,
Als preßt ich meines Vaters Hand, als wäre

Die Luft, in die ich mit den Lungen greife,
Atem von denen, die ich hier geliebt,
Als wär der Eltern und Urväter Geist
Um mich versammelt.
                    (Atem holend)
                            Tommy Atkins nannten
Sie drüben mich. Ich war es schon gewohnt
Wie mein Soldatenkleid. Doch jetzt ist mir,
Als sei ein Tod von mir hinabgeglitten,
Als wär ich wieder aus der Mutter Schoß
Nackt in die Welt geschleudert und verlangte
In einem ersten Schrei mein Leben wieder.

    KATHARINA
  (blaß und schlotternd an der Wand. Stammelnd:)
Um Jesu willen... Stehn die Toten auf?

    DER FREMDE
    (das Buch aufschlagend. Stark:)
Nein, nein! Da steht noch nicht das Kreuz im Buch,
Das mich so eingräbt wie das andre auf
Dem Friedhofsacker. Thomas Christoph Krüger,
Der letzte steht er hinter vielen Toten
Auf diesem Blatt und liest sein eignes Leben.

    KATHARINA (ängstlich und verwirrt)
Mein Gott... Mein Gott... Sie hatten mir erzählt,
Die wiederkamen... du seist längst gestorben...
Gefallen in der Schlacht... Und einer schwur,
Er hätte selbst gesehn, mit eignen Augen...

    DER FREMDE
Gesehen mich? Wer hat mich denn gekannt?

Tom Atkins war ich, ein bezahlter Söldner,
Ein Heimatloser ohne Haus und Herd,
Dem nichts gehörte, nicht einmal sein Name,
Bis zu der Stunde, da ich tief bewegt
Hier in das Zimmer trat, wo keiner mich
Mehr kennen will, als dieses alte Buch.

    KATHARINA (immer mehr beunruhigt)
Verzeih... es ist nur... O mein Gott, ich weiß
Nicht, ob ich träume... Fast die zwanzig Jahre,
Wie lang ist das!
    DER FREMDE
    Hast du es auch gefühlt?

    KATHARINA
    (in ihrer Angst immer erregter werdend)
Sie sagten alle, du seist tot... Und da...
Ja alle sagten es... und zwanzig Jahre
Sind doppelt lang, wenn man so einsam lebt...
Ich war allein im Haus... und da...

    DER FREMDE (sehr ruhig)
            Ich weiß,
Du hast geheiratet!

    KATHARINA (immer heftiger)
    Ich mußte ja.
Der Ohm ist alt, will mehr behütet sein,
Als er zum Hüten taugt; das Haus braucht Schutz.
Krieg war im Land, oft kommen trunkne Leute,
Das fordert eine Faust. Und Frauenhände
Sind da zu schwach. Ich habe lang gezögert,
Mehr als zehn Jahr.

DER FREMDE (unbeirrbar ruhig)
               Du mühst dich viel zu sehr,
Hab ich dich angeklagt?

        KATHARINA (fast im Zorn)
                    Du kannsts auch nicht.
Hast längst hier mehr kein Recht. Die zwanzig Jahr
Lebt all dies nur durch meine Müh. Der Herd
Wär längst erloschen ohne meinen Atem,
Das Dach zerknittert in der Winde Faust.
Nichts hättest du gefunden vom Vergangnen,
Hätt ich nicht alles festgehalten, ich
Und er mit mir. Jetzt ist er Herr im Haus
Und du ein Fremder.
            (In Erbitterung:)
                    Geh hinab zur Stadt,
Ob dich noch einer kennt. Und so erkenne
Auch ich dich nicht als Herren hier im Haus.
Ich warne dich, mit ihm darum zu streiten,
Du kennst ihn nicht.

        DER FREMDE (immer schneidender)
                Ich hab ihn ja gesehn,
Als ich ins Zimmer trat.

        KATHARINA
                    Was sagst du das
So scharf und spitz? Glaubst du, er liebt mich nicht,
Weil du, ein Fremder, zwischen Tür und Gruß
Drei Worte auffingst, die geärgert waren.
Ja, heftig ist er. Aber niemals wird
Er mich an einen andern, Fremden lassen,
Und du bist Fremder hier; was willst du noch?

An deinem Blick, in deinem Schweigen spüre
Ich deutlich, etwas kamst du mir zu fordern.
Etwas von diesem Haus, ich weiß nicht was.
Was willst du? Sags!
    DER FREMDE (mit leiser Verachtung)
      Nichts will ich, nichts von dir.

      KATHARINA
  (deren Angst immer mehr den Zorn durchbricht)
So doch von ihm! Das Haus! Vielleicht den Teil
Von deines Vaters Geld. Das hat der Krieg,
Die Not, die Sorge, und nicht er. Versuch
Es nicht, mit ihm zu rechten, er ist hart
Und gibt nicht nach.
      DER FREMDE
    Mich hält noch eine Frage.

    KATHARINA (immer hastiger)
Frag mich, nicht ihn! Denn er hat kein Geheimnis,
Das ich nicht wüßte. All sein Leben bin ich,
Das Liebste, das er hat; er liebt mich so
Wie einstens du, und alles, alles ist
Wie einst.
    DER FREMDE (losbrechend)
    Glaubst du? Und zwanzig lange Jahre
Sind nichts auf einem Frauenangesicht?
Glaubst du, nur ich ward alt und du bist noch
Dieselbe wie damals? Wen lügst du an?
  (Näher auf sie zu, die überrascht zurückweicht.)
Auf deinen Wangen brennt statt Scham das Rot
Der Schminke, grau sind deine Haare längst
Unter erborgtem Dunkel. Glaubst du, er

Sieht nicht so grell, wie ich, die Lüge, die
Dein Leben spiegelt. Als ich dich verließ,
War eine Lüge all dein Leben, Lüge
Und elender Betrug die Treue; und
Nach zwanzig Jahren über See und Land,
Wie ich heimkehre, steht die alte Lüge
Noch da und wartet meiner.
(Auf sie zu. Drohend:)
Jetzt frag ich dich,
Soll ich nun wirklich mit ihm reden und
Ihn prüfen, ob er dich wahrhaftig liebt,
Dich mir nicht läßt?

KATHARINA
(ihr Zorn ist plötzlich in eine furchtbare Angst umgeschlagen)
Nein! Um Jesu willen, nein!
Sprich nicht mit ihm! Was quälst du mich so lang,
Wenn du schon alles weißt. Ja, du hast recht,
Ich hab gelogen. Längst liebt er mich nicht,
Niemals vielleicht. Hund bin ich hier im Haus,
Und war doch alles mein, und alles hab
Ich hingegeben für sein Wort, oh, für
Ein Lächeln nur von ihm. Zehn Jahre lang
Kenn ich nun keinen frohen Tag und keinen,
Wo er nicht hart war gegen mich. Und doch:
Ein einzig Wort von ihm, ich weiß, so tu
Ich alles, was er will, geb Geld für Dirnen,
Wenn er es fordert. Wie ein heißer Zauber
Faßt mich sein Blick. Doch nein, das kann
Kein Mann verstehn.

DER FREMDE
Sehr einfach ist der Zauber:

Er ist noch jung, und du bist alt.

    KATHARINA
       Ich weiß,
Weiß, daß noch alles ärger werden muß;
Weiß, daß nun jede Stunde die vergangne
Furchtbare als die bessere beneidet;
Weiß, daß ich immer ärmer werde, daß
Ich bald nichts haben werde, ihn zu halten:
All, all das weiß ich und auch dies: er wird
Bald mehr für mich kein Lächeln haben, keinen
Nur mitleidig geschenkten Kuß. Und doch,
Doch bettle ich: sprich nicht mit ihm. Laß mir
Nur dieses noch. Es ist kein Glück, es ist
Nur wildere Verzweiflung, als allein
Zu sein und alt zu werden. Laß mir ihn,
Er ist der Letzte, weiß ich. Denn nach ihm
Kommt keiner mehr.
    (Der Fremde wendet sich weg.)
     Du hörst nicht mehr auf mich,
Du mußt mich hören. Reizt dich noch etwas
Aus diesem ganz zertretnen Bettelleben,
Daß du es willst?

    DER FREMDE (aufatmend)
     Nichts! Gar nichts! Und nichts
Reut nun mich mehr, belastet mich mit Schuld,
Nicht einmal das, daß ich — freiwillig damals
Aus meiner Heimat ging.

    KATHARINA (aufschreiend)
     Freiwillig?

DER FREMDE
Ja, freiwillig. Aus einer Hölle in die andre!
(Für sich:)
O Gott, wie dankt er mir. Von beiden Knien
Hob ich ihn auf, an meine Brust.
(Leiser:)
                              Ich weiß,
Wenn ich nun altre, wenn das Leben mich
Rückspült aus seiner Flut, ein morsches Wrack,
Steh ich allein einmal mit grauem Haar:
Da ist ein Haus weit in der Welt, wo ich
Noch eine Heimat finde. Tret ich in die Tür,
Fällt einer wie der Sturm in meine Arme,
Die Frau jauchzt auf, küßt meine alten Hände,
Die Kinder stürzen, Tränen auf den Wangen,
An meine Brust, der Ehrenplatz bei Tisch
Ist mir bereit. Und bin ich müd zu leben,
So stehn sie um mein Bett und hüten sanft
Den letzten leisen Hauch.
(Aufstöhnend, sehr leidenschaftlich:)
                            Allein dies Haus,
In dem mein Alter einmal rasten könnte,
Ist nicht mein eigen Haus, nicht Vaters Haus,
Und diese Frau, die meinen Schlaf betreut,
Die Kinder, die an meine Brust sich betten,
Sie sind die meinen nicht. Es ist das Haus
Des andern nur, mit dem ich einst mein Leben
Getauscht, mit dem ich Schmach und Schmerz
Gewechselt wie ein Kleid. Und meine Heimat
Ist nicht mehr hier.
(Pause. Er geht auf sie zu. Leiser:)
                            Ich kam auch nicht hierher,
Um auszurasten. Weiter geht mein Weg ...

Zurück und wieder fort. Ich kam nur noch hierher,
Um dieses Buch, darin von Vaterhand
Mein Name lebt, zu sehn und dann das Kreuz
Auf meiner Mutter Grab. Und kam zu wissen,
(zögernd:)
Ob unter meinem Namen noch ein andrer
Sein wird in diesem Buch. Das wollte ich ...
(Pause. Sie sieht ihn durchdringend und feindlich an, ohne zu antworten. Er zögert lange. Endlich mit gepreßtem Atem, leise:)
Damals ... damals, als ich dich ließ ... da war
Dein Leib gesegnet.

        KATHARINA (grell, mit ungeheurem Hohn:)
            Ah! So wußtest dus?

        DER FREMDE (unsicher, fast demütig):
Es war mein einziger Gedanke, war
Die Kette, die mich schleifte übers Meer,
Mich herriß über dreißig Tag und Nächte
Bis her in diese Stunde, wo ich dich
Nun bebend frage: sag mir, lebt dies Kind
In meinen Träumen nur, sag, oder wartet
Ein Erbe hier auf mich.

           KATHARINA (stark:)
            Das Kind, das lebt.

          DER FREMDE (gierig:)
Und wo?

        KATHARINA
     Bei mir im Haus. An meiner Seite.

        DER FREMDE
(seine ganze Gestalt scheint zu wachsen, ein Schauer geht über seinen
      Leib, er preßt die Hände zusammen)
Gott sei gedankt. Es lebt. Nun ist nicht alles

Umsonst, was ich gesät; ein Erbe wartet
Hinter dem Leben, das nun nichts mehr will.
Verzeih mir alles! Sprach ich hart zu dir,
So war es unrecht, denn du hast mir mehr
Gehütet als dich selbst. Verzeih mir alles.
     (Seine Stimme wird immer lauter und heller.)
Dort drüben steht ein Haus, ich hab es selbst
Gebaut mit diesen Händen, mir allein.
Mein Haus ist es und doch die Heimat nicht;
Denn Erde ist nicht Heimat, hat sie nicht
Der Väter Särge in sich eingesogen
Oder der Kinder ersten Schritt getragen,
Trinkt sie von Toten nicht die bittre Nahrung,
Um Werdenden die Süßigkeit zu schenken.
Das neue Land ist reich, doch es will Kraft.
Dort sind noch Wälder ohne Ende, die
Kein Lebender durchmaß. Wie weit der Blick
Hinspäht vom eigenen Gut, er findet nicht
Des Nachbarn Grenze, ihm die Ferne raubend.
Ein wunderbares wildes Land der Stärke
Wird dort einst sein, und es ist schönste Lust,
Für Kind und Kindeskinder den Besitz
Dem Unermeßnen mutig abzuringen.
Dort glüht ein Leben. Meine Hände sind
Nur matt, wenn sie sich oft verzweifelt fragen:
Für wen all dies? Sie werden stärker sein,
Wenn sie sich brüderlich zur Seite finden
Mit einem Erben, dem sie auf die Stirne
Dereinst den letzten Segen legen dürfen.
Um diesen kam ich her.
       KATHARINA
          Du meinst die Tochter?

DER FREMDE (erschreckt zurückfahrend)
Tochter? ... Tochter! ...
(Seine Stimme bricht nieder, ganz müde:)
Tochter? Warum denn nicht?
Ein Kind, das ist ein Sohn, ist eine Tochter,
Ganz so wie Gott es will. Ist eine Tochter ...
Ja, ja ... natürlich ... Seltsam, daß ich nie
Daran gedacht! Und doch! Da lebe ich
Nun zwanzig Jahr allein mit dem Gedanken:
Da drüben, weit hinter der grauen Grenze
Des weiten Meeres hast du einen Sohn.
Und wunderbar ging er aus meinen Träumen
In eine Wirklichkeit, ich sah ihn sacht
Das Kinderantlitz abtun und die wilde Art
Der frühen Spiele, oh, ich ging mit ihm
Des Abends oft im traulichen Gespräch.
So wirklich war er, als hätt ich mit ihm
Gelebt die Hälfte meiner Mannesjahre!
Und wie die Farm dann fertig war, da riß
Mich das Verlangen auf, Lebendigkeit
Für diese vielen Träume einzutauschen.
Her flog ich mit der wilden Wucht der Winde,
Um ihn zu holen. Und nun komm ich heim,
Und er ist Traum wie einst.

KATHARINA (schmeichelnd:)
Doch deine Tochter,
Ist sie nicht Erbin auch, nicht eigen Blut?
Ist eine Tochter denn kein Kind?

DER FREMDE
Ja, ja,
Ein Kind, ein Kind, doch sie ist nicht mein Kind.

KATHARINA
Wie? Nicht dein Kind?

DER FREMDE
Nein, nicht das Kind,
Das in den vielen Tagen mit mir lebte
Und das ich kannte wie die eigne Hand.
Nein, eine Tochter, die ist nicht das Kind,
Das meine Werke erbt und meinen Willen,
Ist nicht die Kraft und ist die Sehnsucht nicht
Zu neuen Dingen. Eine Tochter, das
Wird eine Frau, wird du, sie hat dein Blut,
Fällt einem Manne in die Arme und
Dann einem andern, nein, sie muß zu sehr
Mich mahnen, wie du schienst und wie du warst.
(Klagend:)
Da steht das Haus nun einsam drüben, fragt
Mich neu: für wen bin ich gebaut? Für wen
Soll ich noch Wälder roden, soll den Boden
Der störrischen Natur mit Saaten quälen?
Wem soll ich sterben, hab ich keinen Erben,
Wem soll ich leben, hab ich keinen Sohn?
(Pause.)
Wozu dann all dies, jene lange Fahrt,
Die rasche Freude und dein töricht Ängsten,
Wozu dies Buch, darin mit meinem Namen
Und einem Kreuz mehr als mein Leben stirbt?
(Er wird wieder ruhiger und richtet sich auf. Fest:)
Vorbei! Genug! Tom Atkins bin ich wieder.
Da nimm das Buch! Und komm ich noch einmal
Nach Jahren her, den Frieden dir zu stören,
Dann sag getrost: weg da! Ich kenn dich nicht,

Denn Thomas Krüger, der ist tot.
(Er macht ein Zeichen ins Buch.)
Ich habe
Ihn selbst mit diesem Kreuz da eingescharrt.
Leb wohl!   (Er nimmt seine Mütze vom Tisch.)

    KATHARINA (schmeichlerisch:)
So willst du gehn? Willst deine Tochter
Nicht einmal sehn?
    DER FREMDE
        Meine Tochter?
      (Er zögert.)   Nein!
Sie könnte mich zu sehr an dich erinnern.

    KATHARINA
Oh, sie ist schön, du würdest sie so lieben,
Als seis dein Sohn und Erbe. Unsre Stadt
Ist ganz vernarrt in sie.
    DER FREMDE (hart:)
        So fängt es an,
Ich will davon nichts sehn.
    KATHARINA
        Dein Kind nicht sehn?
    DER FREMDE
Und das nicht, was sie wird, wenn in ihr Blut
Ein Funke nur von deinem übersprang.
Nein nein, ich will nichts sehn. Denn ist sie schön,
Wie schwer wird sie zu hüten sein!
    KATHARINA
        Sie ist
Sehr schön und stolz, und darin ganz dein Kind.

Noch keiner weiß, wie wundervoll sie ist,
Wenn abends glühend sich ihr rotes Haar
Über die weißen Schultern wirft und sie ...

    DER FREMDE (auffahrend)
Ihr rotes Haar? Sie lebt in diesem Haus?

(Die folgende ganze Szene ist ein fieberhaft rascher Wechsel von Rede und Gegenrede.)

    KATHARINA
Ja ... und sie ...

    DER FREMDE
        Trägt es hochgeknotet in
Dem blauen Tuch?

    KATHARINA
        Ja, ja ... doch wie ...

    DER FREMDE (zittert vor Erbitterung)
                Und das ...
   (Die Stimme verschlägt ihm, er muß sich anhalten.)
Und das ist meine Tochter?

    KATHARINA (erschreckt)
        Ich verstehe nicht ...

    DER FREMDE
Verstehst es nicht, du Kupplerin, die du
Sie angepriesen, daß ...

    KATHARINA (abwehrend)
        Was denn?

    DER FREMDE (fast weinend vor Zorn)
              Mit diesem Hund,
Deinem Gemahl, den du dir irgendwo

Vom Dreck gelesen, daß dir nur dein Bett
Nicht ganz auskühlen soll; mit diesem Schurken
Hier Arm in Arm, in meinem eignen Haus!
Das meine Tochter!

    KATHARINA (stammelnd:)
        Was ... ich weiß ja nichts ...

    DER FREMDE (auf sie zu)
Hast es vielleicht erst jetzt von mir erfahren
Und krallst dir nicht die Hand ins Angesicht,
Raufst nicht dein Haar, reißt nicht die Läden auf:
Herein! Herein! Seht her, ihr fremden Augen,
Hier ist ein Mann, dem ich das Haus gegeben,
Und stiehlt die Ehre mir mit meiner Tochter.
Was schreist du nicht?

    KATHARINA (in Todesangst)
       Nichts weiß ich, nichts.
Die Letzte bin ich hier im Haus. Schon längst
Wäre er fort, hielt nicht das Geld.

    DER FREMDE
         Und sie,
Die du ihm hingeworfen, daß er dir
Nicht ganz entgeht. Sieh meinen Arm, ich hab
Noch nie ein Weib geschlagen, aber jetzt,
    (er keucht)
Jetzt muß ich alles wissen, auch das Letzte,
Was du an mir getan.

    KATHARINA (aufschreiend)
       Nein, tu mir nichts!
Ja, du hast recht; ich weiß es. In der Nacht

Muß ich es hören, wie die Treppe knirscht,
Steigt er hinauf zu ihr, und muß mir dann
Die Finger schmerzhaft in die Ohren wühlen,
Den Atem halten, daß das laute Herz
Mir nicht die Brust zerbirst. Glaubst du, ich fühle
Nicht tausendmal die Qual, ich ...

   DER FREMDE (taumelnd vor Wut)
         Du, nur du!
Was denkst du nur an dich, an das von Lust,
Was er dir stiehlt, nie an das eigne Kind,
Dein Kind, mein Kind, das du dem Schurken ließest!
Mein Leben, wars dir nicht genug? Mußt du
Noch das, was von mir Leben hat, verderben?
Da muß ein Ende sein!
   (Er packt sie an. Sie schreit gellend auf.)
        Das schreckt mich nicht!
Jetzt weiß ich, warum Gott mit wilder Hand
Mein Herz aufriß, mich hertrieb übers Meer,
Zu spät zu retten, doch zurecht zur Rache!
Nun weiß ich, was ich tun muß, alles, alles
Zerschmettern hier!
   (Er faßt sie an und würgt sie. Sie schreit gellend auf.)
       Und diesen gellen Schrei,
Den Mund, der lebenslang nur Lüge ausspie,
Zerdrücken wie ein Glas ...
  (Er hat sie an die Wand gepreßt, die Hand an ihrem Hals.)

SECHSTE SZENE

Gotthold ist bei dem ersten gellen Schrei die Treppe, polternd, in ungeschickter Hast, heruntergetappt, stößt die Türe auf und schreit mit heiserer Stimme gegen die Richtung hin, wo er die beiden vermutet, sehr erregt:

GOTTHOLD

        Halt Peter! Fort!
Laß sie gleich los! Willst du sie wieder schlagen?
Hast du vergessen, was du warst, bevor
Du kamst in dieses Haus? Willst du sie morden,
Du Hergelaufner, dem sie alles schenkte,
Was sie besaß? Fort, sag ich, laß sie! Oder
Ich lauf um Hilfe. Gibt sie dir kein Geld,
So hat sie sicher keins.
     (Er tappt heran.)
        Laß los, sag ich,
Du hast kein Recht dazu!

DER FREMDE
(jäh von ihr ablassend, die wie mit gebrochenen Gelenken in die Ecke
  taumelt. In wildestem Zorn laut schreiend:)
        Ich hab kein Recht?
Wer denn? Und würgte ich sie dreimal tot,
Würfe ein Feuer in dieses Hurenhaus
Und sie als Scheit in die erzürnten Flammen —
Was ich auch tät, ich wär, bei Gott, im Recht.

GOTTHOLD
(jäh zusammenzuckend, mit ängstlich abwehrenden Händen)
Wer spricht mit mir? O meine blinden Augen!
Wer spricht mit mir? Das ist des Vaters Stimme,
Und wie mein Bruder sprach.

DER FREMDE (im Zorn)
        Und Ohm, du lebst
In diesem Haus, hast Rechtlichkeit gekannt
Von immerher und duldest, duldest das . . .
. . Den Schurken da . . . Und meine Tochter . . .

GOTTHOLD (taumelnd, weiß im Gesicht)
                                    Thomas!
(Er zittert immer mehr, schlägt das Kreuz, dann ganz bebend:)
Jesus Christus!
            (Mühsam auf ihn zuhinkend, ihn anfassend)
                        Ich seh fast gar nichts mehr,
Das Alter drückt mir sacht die Augen zu:
So laß mich mit den Händen einmal noch
Dein lieb Gesicht antasten, laß michs fühlen!
Mein Gott, ich hab dich jeden Tag gebeten:
Was läßt du mich noch leben? Jetzt, ja jetzt
Weiß ich warum. Komm, laß mich dich anfühlen,
Ich hab seit Jahren keinen mehr gekannt,
Der mit mir gütig war. O sprich zu mir,
Daß ich es wirklich glauben kann, du bist es.
Ja, ja, jetzt seh ich durch den matten Schleier
Der Augen schon das treue Antlitz wieder,
Jetzt weiß ich, daß dus bist.

        DER FREMDE (milder, mit leisem Vorwurf:)
                        Und du, bist du
Es wirklich, meines Vaters Bruder, lebst
In diesem Haus und konntest dieses dulden?

        GOTTHOLD (klagend:)
Ich bin fast blind, seh kaum vor meinem Fuß
Den nächsten Stein, an dem ich mich zerschlage,
Und sie sind hart und stark. Sie ringen alle
Wie Mörder um ihr bißchen böses Glück.
O Thomas, warum kamst du, das zu sehen?
Es geht kein grader Weg von dir zu ihnen,
Rühr nicht die Menschen auf!

DER FREMDE
            Und meine Tochter?

            GOTTHOLD
Sie war einst anders. Manchmal führte sie
Mich noch hinaus. Wir gingen hin am Strand,
Ich sprach von dir und lehrte sie die Sehnsucht
Nach deiner Wiederkehr. Allein die Frauen sind
Erst mit der Liebe reif, da bricht aus ihnen
Wie Gift ihr eigner Sinn. Und bald drauf war
Sie ärger als die andern.
            (Beschwörend:)
            Thomas geh,
Es ist ein Fluch auf diesem Haus, geh fort
Mit reinen Händen, denn das Haus ist voll
Von einer furchtbar mörderischen Kraft!
Die Menschen sind voll Haß. Rühr sie nicht an,
Geh fort, geh fort!

        DER FREMDE (sich aufrichtend, jäh geschüttelt)
            Ja, ich muß fort. Ich fühle,
Ich könnte hier nicht ruhig sein; das Gift,
Es hat mich angesprüht und kocht im Blut.
O fort, rasch fort! Zum allererstenmal
Fühle ich Angst, ich könnte jemand morden;
Fort! Fort!
        (Sich jäh umwendend)
            Wo ist mein Mantel!

SIEBENTE SZENE

Die Eingangstür wird laut aufgestoßen. Peter tritt ein. Er geht
    leicht und übermütig, scheint ein wenig angeheitert.

PETER
Wünsch guten Abend allerseits.
(Keiner antwortet ihm. Der Fremde ist mit geballten Fäusten zurückgetreten und steht schwer atmend an der Wand. Katharina duckt sich hinter den Schank. Peter wirft sich wuchtig auf den Sessel hin, zieht die schweren Stiefel aus und läßt sie hinpoltern.)

PETER (zu Katharina)
Gib mir Die andern her!

KATHARINA bringt sie ihm hin.

PETER
Ach, wie ich müde bin! Gab einen Spaß
Im Hafen, wie ich ihn nicht bald gesehn!
Da stand ein ganzer Pack von fremden Kerlen,
Auswandrer, Weiber, Männer, Kinder, die
Hinüber wollten nach Amerika
Dort mit dem großen Segler, der heut fährt.
Ein Gauner hatt sie hergebracht und nachts
Sich fortgemacht mit ihrem ganzen Geld.
Nun stehn sie wie die Schafe blökend da
— Kein Mensch versteht ihr krauses Kauderwelsch —,
Schrein durcheinander, beten, raufen sich,
Die Kinder brüllen wie am Spieß gebraten,
Und ringsherum das ganze Hafenvolk
Macht ihre Gesten nach, wie sie die Fäuste
Zum Himmel ballen und zu den Matrosen,
Die sie fortstoßen von den vollen Booten.
Ach, das war toll.
(Zu Katharina:)
Wo ist das Abendbrot?

KATHARINA (erschreckt)
Gleich, gleich ... ich richt es schon...
PETER
Wie? Nicht bereit?
Zum Teufel, hab ich nicht gesagt, du sollst
Es vorbereiten?
KATHARINA
Doch ich hab...
PETER
Halts Maul.
Du hast zu tun, was ich dir sag! Sonst nichts!
Jetzt gib noch einen Schnaps!
(Zum Fremden:)
Nehmt Ihr ein Glas?
Kornhäuser ists. Der brennt einem das Herz,
Daß es wie Feuer wird.

DER FREMDE (mühsam verhalten)
Ich danke Euch.
(Nach einer Pause, mit gepreßter Stimme:)
Ihr habt vorhin gesagt, es ging noch heut
Ein Segler nach Amerika. Wißt Ihr
Die Stunde nicht?

PETER (lachend)
Die hat, denk ich, geschlagen!
Die Boote sind schon alle abgestoßen,
Nun raffen sie — seht hin — die Rahen schon,
Gleich werden sie den Anker heben.

DER FREMDE (sich jäh wendend)
Fort!
Ich muß noch hin zum Hafen, muß...

PETER
Wohin?
Zum Hafen braucht Ihr länger, als die warten!
DER FREMDE
So gebt ein Pferd!
PETER
Was hilfts? Die senden Euch
Jetzt mehr kein Boot, Ihr holt sie nicht mehr ein.
. DER FREMDE
Ich muß, ich muß. Habt Ihr denn selbst kein Boot?
Ihr fahret hin. Denn ich muß fort, ich muß!
Ich kann die Luft hier nicht mehr atmen, darf
Nicht länger zögern mehr. Der Boden brennt
Mir an den Sohlen wie ein heißer Rost.
Fort muß ich, fort...
PETER
(steht langsam auf, schaut ihn überlegen lächelnd an und pfeift durch die Zähne)
Stehts so mit Euch, mein Lieber?
Sie sind Euch auf der Spur!

DER FREMDE fährt zurück.

PETER
Habt keine Angst!
Ich hab noch keinen angegeben, ich
Tu diesen Herren nichts zuliebe, will
Auch gar nicht wissen, was Ihr angestellt.
(Breit sich aufpflanzend, sehr gedehnt:)
Mich kümmert nur: Ihr sagt, Ihr braucht ein Boot
Und dies sofort.
(Pause. Bedächtig:)

　　　　　　　Ich hätte wohl ein Boot.
Ein gutes Boot.
　　　　　　DER FREMDE
　　　　　So her damit! Die Zeit
Rinnt hin. Fort! Drüben schwankt das Segel
Schon nieder. Vorwärts! Her das Boot
Und segelt mich hinüber.
　　　　　　　PETER (die Stiefel fassend)
　　　　　　　　Eh! Saure Arbeit,
Die harten Klötze nochmal anzuziehen
Und hungrig wieder in den rauhen Wind.
Was zahlet Ihr?
　　　　　　DER FREMDE
　　　　　Gleichviel! Sagt, was Ihr wollt.
　　　　　　　PETER (überlegend)
Das Boot ist neu.
　　　　　　GOTTHOLD (hinter dem Fremden)
　　　　　　Es ist nicht wahr, er lügt!
Selbst hast du dran gebaut.
　　　　　　DER FREMDE (zu Gotthold)
　　　　　　　Hat er mich denn
Noch nicht genug bestohlen?
　　　　　　PETER
　　　　　　　　Ihr müßtet wohl
Dreißig Dukaten springen lassen.
　　　　　　DER FREMDE (höhnisch)
　　　　　　　Ei!
Ihr wertet hoch!

PETER (mit falscher Demütigkeit)
　　　Ich hab mir nur gedacht,
Die Eile wert' es Euch.
　　　DER FREMDE
　　　　　　Gut! Her damit!

　　　PETER
Ich richt die Segel. Kommt Ihr mit?

　　　DER FREMDE
　　　　　　　　　Sofort.
　　　PETER
　　zieht die Stiefeln an und geht lachend ab.

ACHTE SZENE

　　　DER FREMDE
(geht auf Gotthold zu, sieht ihn lange erschüttert an, dann sagt er:)
Leb wohl. Ich darf nicht länger zögern, sonst
Reißt mich die Tat mit sich.

　　　GOTTHOLD (zitternd)
　　　　　Gott schütz dich, Thomas.

　　　DER FREMDE
(wendet sich ab und geht langsam, ohne die Frau zu beachten, die mit aufgerissenen, angstvollen Augen auf ihn starrt, zur Türe. Plötzlich dreht er sich schroff um, geht auf den Tisch zu, wirft ein paar Goldstücke hin. Seine Stimme ist steinern hart:)
Da Wirtin! Beinah hätte ich vergessen,
Daß ich Euch etwas schuldig bin für Wein,
Und ich will nicht aus diesem Hause gehn
Mit irgendeiner Schuld.
　　　(Katharina regt sich nicht.)

                Nehmt es nur, nehmt
Und zählts nicht nach. Denn wollte ich beginnen
Zu rechnen, was Ihr schuldig seid an mich, ·
Ihr zahltet mit dem Leben nicht genug.
Ich will nicht rechten. Nein, ich will nur gehn
Wie über fremde Schwelle. Hinter mir
Lebt fremdes Leben dann; was hier geschieht,
Will ich nicht wissen mehr, will dieses Haus
Auslöschen so aus allen meinen Sinnen,
Als hätte nie das Kind hier froh gespielt,
Nie hier ein Mann mit sich und Gott gerungen
Um Leben oder Tod.
  (Während er spricht, ist, von ihm unbemerkt, Christine eingetreten.)
                Was zögert Ihr? Seit wann
Seid Ihr so zimperlich? Nehmt, sag ich, nehmt,
Kauft Euch ein Kleid dafür, ein buntes Kleid,
Daß es Euch jünger mache; schenkt es ihm
Und kauft Euch einen Kuß. Nehmt es nur, nehmt,
Tut, was Ihr wollt damit, kauft einen Trank,
Der vor Erinnerung und Träumen feit...
  (In diesem Augenblick sieht er Christine und bricht jäh ab, sich mit der Hand am Tisch haltend. Dann endlich im Übermaß von Hohn und Schmerz:)
Kauft dieser dafür Schmuck und lügt ihr vor,
Es käm von einem, der sie sehr geliebt,
Hätt sie ihn nicht so sehr gemahnt an eine,
Die ihm einst teuer war und ihn betrog.
  (Er sieht noch einmal mit einem unsicheren Blick auf Christine.)

          CHRISTINE (frech)
Ei Herr, seid Ihr splendid! Schenkt mir doch auch
Paar Batzen Gold! Warum nur meiner Mutter?

(Zu Katharina, die sie zurückhalten will, mit einem Stoß:)
Gehts dich was an? Bist du mir neidisch drauf?

DER FREMDE

zuckt zusammen, sein Gesicht ist fahl geworden. Er wirft mit zitternder Hand, ohne sie anzusehen, ein paar Münzen auf den Tisch.

NEUNTE SZENE

PETER (eintretend)

Das Boot ist klar.

DER FREMDE

(springt mit einem wilden Ruck ihm entgegen, als ob er ihn erdrosseln wollte. Dann bezähmt er sich und sagt mit einer furchtbaren Drohung in der Stimme:)

Ich komme schon, mein Freund!

PETER

(mit einem Blick auf das Geld am Tisch, das er frech einstreift)
Und meinen Lohn?

DER FREMDE (mit wildem Hohn)

Euch zahle ich im Boot
Alles, was ich Euch schuldig bin.

PETER

So kommt!

DER FREMDE

sieht noch einmal, aber mit einem anderen, ekstatisch wilden Blick über das Zimmer, dann geht er so rasch gegen die Türe, daß

KATHARINA ängstlich ruft:

Gebt acht, die Stufen!

DER FREMDE (von unten, mit dunkler Stimme)

Seid unbesorgt! Ich kenne meinen Weg!

ZEHNTE SZENE
Eine lange Pause. Man hört die letzten Schritte schwer verklingen. Christine geht zum Fenster hin und sieht ihnen nach. Gotthold hat die schwere Bibel vom Tisch aufgenommen und preßt sie wie betend an seine Brust. Katharina steht entgeistert in der Ecke. Dann plötzlich auf Gotthold zu, den sie an beiden Armen faßt.

KATHARINA
Nicht wahr, das war ein Traum? Daß einer kam
Aus dieser Tür, ein Toter kam, und noch
Von Leben sprach, von Schuld und Pflicht und dann
Hinging wie Rauch! Ohm, nicht wahr, wenn man alt
Und einsam ist, dann kommen solche Träume
Von Toten? — Sag, hast du das auch geträumt,
Daß Thomas da war, deines Bruders Sohn,
Mein Mann, mein toter Mann! Hast du sie auch
Die furchtbaren Gesichter der Verstorbenen?
Sag mir . . .

CHRISTINE (lachend zum Fenster hinausrufend:)
Dank schön!
(Sie wirft eine Kußhand.)
Da hast du ihn zurück.

KATHARINA (zusammenzuckend)
Nein, es ist wahr. O Gott, sie spricht hinab
Zu Peter, und der führt ihn mit dem Boot
Hinüber auf sein Schiff. Um Gottes Gnade,
Sprich nie davon, was du gesehen, Ohm,
Hab Mitleid mit mir; sag dem andern nicht,
Wen er gegrüßt, gehöhnt, wen er betrogen.
Ja, ich war schlecht zu dir, doch war ichs nur,
Weil andre schlechter waren gegen mich.
Verzeih mir alles. Und schenk mir dein Schweigen.
Er kehrt nie mehr zurück.

GOTTHOLD (schwer)
                    Ich weiß es wohl,
Ich sterb allein. Die Hand, die er mir gab,
War kalt wie Tod. Er kommt nie mehr zurück.
Ich sterb allein.

KATHARINA
            Wozu dann davon reden!?
Ich bitt dich, laß es zwischen uns allein
Geheimnis sein, grab diese Stunde ein,
So wie die Toten, die längst von uns gingen.
Hörst du, ich fleh dich an . . .

CHRISTINE (befremdet)
                      Mutter, komm!
Was machen die? Das Boot hält plötzlich an.
Sieh: Peter läßt das Steuer los. Was haben
Die beiden denn? Das Segel ist wohl schlaff . . .
            (Vorgebeugt, lauter:)
Nein, Mutter, komm! Sie streiten! Gott,
Der Fremde hat ihn angepackt, er ringt
Mit ihm . . . O, wie es schwankt, das Boot . . . er würgt
Ihn an der Kehle . . .
            (Aufschreiend:)
                Es hat umgeschlagen! . . .
Zu Hilfe, Hilfe . . . Mutter, Mutter, komm . . .
Sie haben sich hinabgerissen . . . Mutter,
Ich seh nichts mehr . . .

GOTTHOLD (tiefschauernd)
              Nun seh ich ihn bald wieder.

E N D E